教育の創造

板東克則

一莖書房

はじめに

退職を10日ばかり後に控えたある日、研修担当の若い男の先生が校長室にやって来た。彼は、「板東先生。来年からの研修は、どういう方向で考えたら良いでしょうか。」彼は、私のことを校長先生と呼ばず、板東先生と呼ぶ。私は、即座に答えた。「今までの研修は、全て捨てなさい。」一瞬、彼は戸惑ったように見えた。「全く、新しいものを始めなさい。今までのものにとらわれず、新しいものを創りなさい。今までのものに、積み重ねようとしてはいけません。それは、過去にとらわれることになります。教育は、創造です。創造は、まず破壊することから始まります。何かを生み出そうとしたら、前を向くことです。何かを生み出したら、それを壊すことです。そして、とらわれず、自由になることです。自由ではない、とらわれたままでは、創り出すことはできません。」彼は、しばらく、黙ったままだった。そして、静かに言った。「分かりました。創ってみます。この3年間より、すばらしいものを創ります。」

彼に手渡すことができた瞬間だった。

教育は、創造である。

創造のためには、まず破壊することである。過去を捨て、過去にとらわれないことである。創っては壊し、壊しては創ることである。それは、過去を否定することではない。むしろ、過去を尊重し、より良いものを生み出すためにこそ、過去にとらわれず、過去を捨てることである。何かに縛られるところに、創造はない。

何かを残そうとすれば、それは「形」になる。形は、人を縛る。そこに、自由はない。自由がないところに、創造は、生まれない。教育は常に創造の連続でなければならない。自由で柔らかな空気の中から、創造は生まれる。何かを目指し、夢を語り、自由な空気を吸い込むことから、創造は始まる。

教育がマニュアル化されてゆく。誰もができ、誰もが失敗しないよう、マニュアルが細分化され、マニュアルが教師を縛ってゆく。やがて、十重二十重と縛られる中で、教師はマニュアルそのものを空気であるかのように、はき違えてゆく。そういう教育の中で、柔らかで、しなやかな感性を持つ子どもが育つだろうか。想像力に富み、新たなものを生み出す、主体的な子どもが育つだろうか。

教育は、創造である。

最後の勤務地、神戸市立山田小学校・山田幼稚園の3年間は、まさに創造の日々であった。山あいの小さな学校で、仲間とともに、教育の夢を語り、共有し、理想とし、やがてその夢を実現できた。その過程に何が起きたのか。小さいから、できた、偶然に、できた。いや、これは必然である。形にとらわれず、常識を破り、高い理想を、夢を語り合えたからこそ、実現したのである。その日々を描き出すことは、創造への過程を描くことになるだろう。

学校を離れ、有志の仲間たちと教育を語る会、「又新《ゆうしん》の会」を立ち上げた。そこでは、方法は語られない。教育の本質、人間理解、深い思考など、根源的なことが語られる。日々多忙な学校現場の中で、休日の時間を割いて、毎月行われた。参加者からは「教育の原点に戻る気がする。」「当たり前のことなのに当たり前でなくなっていることに気づかされる。」と言う。そこは、形ではなく、教育の本質を求めあう場になった。

数値化、説明責任……教育の世界では、「見える化」を図り、保護者に伝えることが奨励される。しかし、教育には、数値に置き換えられないもの、目に見えないものにこそ、本当に価値がある場合もある。それを、あえて語ること、人間としての保護者の根源に届けること。それは、客観的説明よりも意義があり、響き渡るものである。学校だより、手紙（校長だより）には、そんな想いを込めて、子どもたちに、そして大人に届けた。

教育は、創造である。

……彼は、しばらく、黙ったままだった。そして、静かに言った。
「分かりました。創ってみます。この3年間より、すばらしいものを創ります。」
彼に手渡すことができた瞬間だった。

創造は、手渡すことができる。
教育の本質は、伝えることができる。

目次

第3部　伝えること……125

～本質を包んで、届ける～

校園長だより「手紙」、そして……ゆっくり、ほどく

第1部　教育の創造を求めて

～山田で起きたこと～

第1章　授業を核とした学校づくり

1．創造を根底に

教育は、創造である。

1時間1時間の授業が、創造であるなら、その総体である学校も創造でなければならない。

私の学校づくりの根底は、創造だった。

校長の仕事は、「夢を語ること」である。

かつて「学校経営の基本は、授業です。」と着任の挨拶をした校長に出会った。その出会いが、私を変えた。山田小学校に着任し、私は「授業を変えよう」と呼びかけた。当時の山田では、「基礎学力の定着」を合言葉に、全校児童数70名ばかりの小規模校の長所を生かした個別指導が行われていた。そこではきめ細かい指導がなされており、職員はそれを徹底させようと、日々努力していた。しかし……授業が、死んでいた。

変える、ためには、目指す指針が必要である。子どもたちが目を輝かせ、真摯に立ち向かい、深く考え込むような授業。それは、問題解決学習である。私は、山田が目指すべき授業を、そうとらえ、職員に提案した。ただ、言葉だけでは伝わりにくいかと考え、実際に私自身が授業をし、問題解決学習について話した。

教室を回っては、授業に介入した。授業をただ一言で変えるためには、何よりも授業力が試される。授業に介入することは、事後の検討会ではなく、生の立ち合いになり、そこに担任との真剣な間合いでの勝負が切り結ばれる。それは、何より生きた授業研究になる。放課後、校長室に教科書を持ち訪れる担任との話は、どこよりも質の高い教材研究になった。担任が目指す授業の行方、そのための手立て、教室の空気、そこに入る介入の一言、その意味、タイミング、介入による授業の流れの変化、緊張感の高まり、そういうことについて話し合った。授業もそうだが、こうした話し合いは何よりも生きた教材研究になった。やがて、介入は山田では当然の姿になり、時折、黙って教室を出ると、後にそのことについて担任から苦情が出るようにさえなった。

あるクラスで1㎢を㎡に換算する授業を行っていた。百万という0が6個も続く換算に子どもたちは手間取っていた。担任は丁寧に指導し、繰り返し練習することで習得させようとしているように見えた。私は「2つずつ、区切ってごらん。」子どもたちはきょとんとしていた。「0が6個も続くと、難しいよね。だから、0を2つずつ区切って数えると分かりやすい。」そして、2個ずつ区切ったものが、a、haになると説明した。「0が多いと、大人でも数えにくいから、途中に目印をつけると、分かりやすい。」子どもたちはうなずいた。その時、担任が口をはさんだ。「校長先生はそうおっしゃいますが、数えにくいのなら、3個ずつ区切ってもいいんじゃないですか。」介入返し、である。子どもたちはびっくりして、私たち二人を見つめた。普段、介入を好意的に受け取っていた自分たちの担任が、校長先生相手に猛然と反論したのである。私は、言った。「だめだよ。3ではなく、2。黒板にちゃんと書いてある。」子どもたちは目を皿のようにして黒板を探した。でも、見つからない。私はヒントを出した。「黒板に、小さく書いてある。」子どもたちは、また見つめる。やがて「あっ」小さな叫びが起こり、その輪がクラス全体に広がっていった。平方の「^{2}」を見つけたのだ。私は黒板に、1辺の長さが1m、10m、100m、1000m（1km）と書いた正方形を描き、「平方」の意味を伝えた。その後、どの子も平方を簡単に扱えるようになった。

介入返し……

山田では、そういうことも起こるようになった。

山田の授業は、変わった。職員室でも授業についての話題が大半を占めるようになっていった。校長室を訪れる教師も増え、私自身も職員室で先生方と話し込み、そういう話の渦がそこかしこに広がるようになった。

近隣校で研究会があった。子どもたちは、給食後下校し、全員で研究会に参加した。公開授業を参観後、それぞれの分散会ごとに流れ解散になり、職員たちはそのまま帰宅するのが、常だった。研究会後、所用があり、学校に戻ると、なぜか職員室にほぼ全員が戻っていた。参観した授業に、どこか違和感を覚えたようである。ある男性教員が言った。「ここに帰ると、自分の感じたことを素直に言えるから、戻ってきた。」そして何時間も話し込んでいた。

山田の目指す授業。それが形になり、夢が共有されていく過程が垣間見えた瞬間だった。

2．学びの根っこは、遊びの根っこ

山田小学校には幼稚園が併設されている。私は山田幼稚園園長を兼務することになった。とはいえ、幼稚園の経験はこれまで皆無である。年中・年長合わせて10名ばかりの小さな幼稚園だが、小学校の教室を廻ると同時に幼稚園も覗くようになった。

ある時、幼稚園に行くと、子どもたち全員が輪になっている。どうやら、鬼ごっこのルールを巡ってもめているらしい。ある子が「つかまった子は止まって、その場所から動かないことにしよう」と言うと、違う子が「それより、つかまった子も鬼になった方がおもしろい。」「そんなことしたら、鬼ばっかりになってしまう」話は、どこまでも続く。どの子も真剣であり、話の途中に思わず割り込む子もいる。ただ聞くだけでなく、うなずいたり、首をひねったり、とにかくどの子の表情も生きている。先生方は、輪の外にいて、子どもたちの話をうなずきながら、ただ聞いている。

興奮が少し収まり、話の行方がまとまりかけてきた。すると、先生が「じゃあ、それでやってみる?」子どもたちは、全員がうなずき、四方にかけ出した。自分たちが今決めたルールで遊び始める。ひとしきり走り回り、鬼も次々と変わっていく。やがて「ずるーい。」一人の女の子が叫んだ。「さっき、つかまえたのに……。」「つかまってないもん。」二人の周りにまたみんなが集まり、輪ができる。そして、また新たなルールが生み出される。

私は、思わず見入っていた。問題解決学習だ。子どもたちが、課題を自分のこととしてとらえ、その解決のために知恵を絞り、実際に確かめ、新たな課題を見い出してゆく。目指す授業が、まさに目の前で展開されていた。

幼稚園は、小学校と確かに違う。教室に机や椅子が並んでないし、教科書もチャイムもない。そういう見かけの違いから、何か違う世界であるかのように感じる。しかし、どちらも子どもを相手にする教育である。幼稚園児も小学校児童も、感じ、考える筋道に変わりはない。幼稚園も小学校も学びは同じ、同じ教育の根幹を持つのである。

その夏の夏季研修の講師は、幼稚園の先生方になった。幼稚園教育が何を目指し、どう手立てし、子どもをどう生かしていくのか。それは、日頃、小学校の職員室で話題になる学びのスタイルと何も変わらないことが共有されていった。

学びの根っこは、遊びの根っこ……

山田小学校・山田幼稚園の研修の合言葉の一つは、こうして生まれた。

3.「脳みそが汗をかく」授業

夢は共有され、校内研修で語る言葉にも方向性が見えてきた。

深い学びを目指す授業のイメージについて語り合った。

授業の始まりには、子どもたち全員が課題を共有しなければならない。そのためには、導入である。ここは子ども同士で語らなければならない。そのためには教師の語りは不要である。提示し、子どもに任せる。はじめの5分はしゃべらない。これが、山田の授業の了解事項になった。それには、教師が語らずとも、子どもを明確な課題へと導く導入の精選、より深い教材研究が求められることになった。

「介入」の根幹は、切返しにある。そこまでの授業の流れを一言で転換させ、子どもの思考をより深い方向へと導く。校長室で何度も話し合ったのは、とかく平板に流れがちな授業の方向を転化させ、全く別な視点から、それまでの流れや事象を見つめ返すことにより、今までとは違う次元で課題をとらえ直すことである。果たして、介入にその効果があったか、それ以前の授業がなぜ平板になっていたのか。話し込む中で、目指す問題解決学習を一段深めていくために「切返し」の工夫の必要性が、確かめられてきた。

はじめの5分と切返し……

山田の問題解決学習の骨格が少しずつ浮かび上がってきた。

子どもが次々と発表し続ける授業。確かに、誰もが憧れる授業に見える。研究授業としての評価も高い。しかし、良い授業とは、果たしてそういう授業なのだろうか。もし授業の最後まで、子どもたちが次々と発表し続けるなら、それは確かに活気のある授業である。しかし、山田が目指すのは「深い学び」である。人が深い思考をする時、果たしてそれは饒舌になるだろうか。深い学びのイメージは、「静けさ」である。人が集中して物事を考える時、それは騒音ではなく、静かな中で行われる。ならば、山田が目指す授業は、授業の終わりには、子どもは深い思考に陥り、誰も口を開くことさえできないような授業。それこそが、全員で共有する目指す授業のイメージになる。

それを、山田では、脳みそが汗をかく授業、と名づけた。

4. 研究会の導入

次第に、校内研修は充実したものになっていった。授業の目指す方向が定まり、「はじめの5分と切返し」を誰もが口にするようになった。導入にあたる「はじめの5分」には、さまざまな工夫が見られ、研究授業の開始を見逃すまいとする職員の姿勢からも、問題解決学習への理解の深まりを実感していった。同時に、切返しの難しさにも直面した。「導入は工夫できるが、切返しは難しい。」という言葉がささやかれるようになった。これは、当然のことである。導入は授業開始直後にあたり、授業者が予め設定できるが、切返しはたとえ指導案では予定していても、授業の流れの中で行うものになる。切返しのイメージはつかめていても、それを流れの中で実行することは別物になる。切返し、そのものの工夫に加え、より授業の骨格を明確にしていかなければならない。

そこで、外部の刺激を活用しようということになった。研究会の活用である。どこかに、節目になる研究会を設定し、一つの目標を持つとともに、外に向かって発信するという緊張感から授業研究に刺激を受けようと考えたのである。

山田小学校の規模を考えた場合、全市よりも区を単位とする研究会の方が適切ではないか、ということになり、神戸市が募集していた「力のつく授業研究会」に応募することにした。他の区で行われた研究会を見ると、参加者はほぼ40~50名であり、少ない職員の中での運営を考えても適正な規模であると考えた。（これは、後に覆される）

この研究会は、当時、神戸市では2年指定になっており、外部講師や指導主事の助言もある。研究会に向かい、当時の山田の研修でよく取り上げていた算数と社会科（2年目は幼稚園も）の2教科に分かれ、研修を進めた。外部講師や指導主事も意欲的に参加してくれた。彼らが言うには「山田の研究に参加すると、私にも本物の学びになる。」「いつか、自分が校長になったら、山田のような学校を目指したい。」とのことであった。一人ひとりの、そして、職員全体の高まりは確かなものになっていたのである。

当時、研修を担当していたのは、定年も近いベテラン教員だった。授業力があり、誰からも信頼され、日々コツコツと授業研究を続ける教員だった。教職生活の37年間、翌日の全ての授業の指導案を書き遂げた教師を、私は彼以外には知らない。そういう彼の背中を若い教員も見ていた。その彼が校長室にやって来た。「校長先生、提案ですが、研究会をするのなら、研修担当を若い教員に任せませんか。彼らは瑞々しい感性を持っています。私は、彼らのサポートに回ります。」

共に夢を語る仲間が広がっていった。

5. 伝わる実感

1年目の研究会は、1月31日に行われることになった。算数1クラス、社会科2クラス、いずれも意欲的に立候補した30代の授業者だった。それぞれのグループに分かれ、研修が進められた。

4年生の社会科は、山田の地域を取り上げることになった。山田小学校の校区の西に衝原湖という湖がある。風光明媚な場所で観光地にもなっている。この湖は、下流の農地を開発するためにせき止められた人造湖である。湖底に沈むことになった場所には、かつて衝原村があり、人々は家や田畑を手放すことになった。その中に、日本で一番古い民家である「箱木千年家」もある。こうしたことを踏まえ、当時の人々の想いに迫る、というのが、授業のねらいであった。

授業者は、若い女の先生だった。4年生は、千年家を訪ね、呑吐ダム（衝原湖をせき止めるダム）を見学し、御坂サイフォン、東播用水の施設に足を運び、見学を重ねた。ダム建設に反対する看板が載った写真や建設の過程を記録したビデオも入手した。開発と故郷の喪失に揺れる人々の想いを裏付ける資料も確保できた。

しかし、彼女の指導案は進まない。社会科グループに参加していた私はいら立ちを覚えた。外部講師と何度も検討しながら、単元構成やそれぞれの時間の内容を書いては消し、消しては書きを繰り返していた。問題解決学習について、全員であれだけ学んで来たのに、やはり机上の空論だったのだろうか。ため息をつくような日々が続いた。

ある日、彼女が校長室に駆け込んで来た。「校長先生、これでやってみます。」彼女は指導案を差し出した。何かが吹っ切れたような、突き抜けたような表情だった。それから彼女は、毎日、校長室にやって来た。「今日の授業は、これを提示したら、こういうふうに進んだ」「明日はこういう資料を用意して、このように進めたいので、見に来てほしい。」毎日が、報告と展望だった。

彼女の話を聞きながら、私もアドバイスすることもあった。しかし、私のアドバイスはもはや彼女の想定の中にあった。一を聞けば、十を知る。想いが、本当にこれほど伝わるのだ、という感動を初めて覚えた。

熟成…熟成には、時間が必要である。しかし、一端熟成すれば、そこには手出しせずとも芳醇な香りが漂う。生のままのものとは違う豊かなものが、そこに立ち上がるのだ。想えば、授業で子どもと対峙するのも、研修で教師と対峙するのも、全く同じなのである。

1月31日。山田の規模なら、30～40人と予想していた参加者は、想定の倍以上集まり、その中で彼女たちはすばらしい授業を創り上げ、1年目の山田の研究会は終わった。

6. 授業をする校長

教師の仕事が「授業」なら、校長はその学校で授業が一番上手でなければならない、それが私の持論である。そして、教師である以上、最後まで授業に挑むべきである。

研究会2年目を迎え、私には三つの目論見があった。一つは、ベテランが授業公開すること、もう一つは私自身が授業公開に挑むこと、そして幼稚園の授業公開をすることだった。当初は、全クラス授業公開ができればと考えた。しかし、どうしても運営面の人手も必要であり、半数強の授業公開に決定した。その年、定年を迎える教師が私を含め、3人いた。その3人は、いずれも自身が公開授業を行うことに賛同した。幼稚園は研修の契機を創り上げたところであり、山田の地域を生かし、豊かな自然を取り入れたダイナミックな保育は是非公開すべきだと考えていた。

私は、自身が授業公開するなら、当日だけの研究授業ではなく、通年の授業を行うことを考えていた。幸い、6年生担任が前年度の授業者だったので、今年度は私が彼に代わり、社会科の授業を担当することになった。山田は歴史が深く、6年生の社会科にとって、どの時代の題材にも事欠かなかった。授業が進むにつれ、12人の子どもたちは目を輝かせて授業に臨むようになった。

「運動会で、赤・白、どちらを応援しますか。」と問う。子どもたちは、昨年度の運動会を思い起こし、口々に赤、白、と叫ぶ。「ところで、赤・白って何ですか。」と問う。源氏の白旗、平家の赤旗のいわれを話す。「山田は、赤、それとも白?」校区内にある丹生山はかつて福原に都を置いた平清盛が比叡山になぞらえた山で、月に一度詣でたと言う。一方、山田の氏神にあたる六条八幡宮の六条は京都の源為義の居所、六条に由来する。またひよどり越えで名高い義経の道案内をした鷲尾三郎の屋敷跡も校区内に残る。山田には、源氏、平家、両方の足跡が残る。こうなると、子どもたちの想いは、教科書からはるかに旅立つ。

「ほろほろと」という歌がある。ほろほろと鳴くやまどりの……行基の歌に歌詞をつけたものである。これを聞く。歌が5分。ただ聞くだけだから、もちろん授業者もしゃべらない。はじめの5分はしゃべらない。この歌は聖武天皇に追われ、山中を逃げ惑う行基の心情を詠ったものである。大仏建立を成し遂げる大僧侶、行基に似合わぬ寂しい曲想であり、歌詞である。ここを問う。民衆から人気があることが、却って権力者の反感を買い、逃げ惑う行基。その権力者から、一転、大仏造りを頼まれる。行基の心情は、いかばかりか。これは、子どもたちにも共感できる。権力者より、民衆のために……子どもたちが答える。場面や背景をつかむ子どもに成長している。

ところが、授業の真のねらいは、行基にはない。かつて行基を追放した権力者、聖武天皇の想いである。自分が追放した相手に、一転、依頼するときの心情は、権力者にとってどのようなものだったろうか。行基を追ってきた子どもたちの思考は、ここで全く違うベクトルに向かう。「切返し」である。本時のねらいである「行基はなぜ大仏を作ったのか。」という課題を達成した上に、新たな課題が立ちふさがる。先ほど、行基は農民の味方だ、と答えた女子に「では、聖武天皇は農民の味方ではないのか。」と問い詰める。彼女は答えに窮する。窮してもよい、むしろ窮することこそが、彼女が深い思考のただ中にいることを表している。いつもは10行以上書いている授業後の彼女のノートには「聖武天皇も、農民の味方だと思う。」とポツンと1行だけ記されていた。参観していた先生方も、授業後、「私も本当に考え込んでしまった。」と話していた。深い思考に子どもも大人の別はない。

そういう授業を積み重ねていった。社会科の授業のスケジュールは、職朝などで伝え、誰が参観に来てもよいことにしていた。当初は、何人かの参観があったが、次第に参観は減っていった。山田ではもはや校長が授業をすることは、当たり前になっていたのである。

7．一年間、授業を見続けること

算数の授業公開は、3年生と4年生が行うことになった。3年生担任は、今年初めて教壇に立つ女性の教師、4年生担任は、今年で定年を迎える男性教師、前任の研修担当であり、37年間翌日の全ての指導案を書き続けた教師である。

3年生の担任が、相談に来た。算数の授業についての相談である。私は、4年生の授業を参観させてもらうと良い、とアドバイスした。彼女は4年生担任に相談に行ったらしい。放課後、4年生担任が校長室に来た。「彼女が、授業を見せてほしい、と言って来ました。彼女に私の授業を見せてあげようと思います。」私は彼に、よろしく頼みます、と伝えた。すると、彼はこう続けた。「彼女に算数の授業を見せることにしました。でも、一つだけ条件をつけたのです。それは、参観するのなら、今年一年間の私の算数の授業を全部見ること、です。校長先生、彼女が私の全ての算数の授業が参観できるように、配慮していただけませんか。」彼の相談は、そのことだったのである。私は、学校に加配された先生に事情を話し、彼女が参観する時間の3年生の授業の応援を依頼した。若い先生が伸びるためなら、と快諾してくれ、彼女は一年間4年生の全ての算数の授業を参観した。

研究会が近づき、4年生担任が校長室に来た。研究会当日の指導案ができた、ということである。指導案を見ると、授業が進んでいく様子が目に浮かぶような流れである。理路整然としており、提示する資料や手立ても本当にうなずけるものだった。おそらく、授業終了後にはどの子もめあてを達成し、最後の練習問題も容易にこなせることだろう。

しかし、私は彼を呼び戻した。「先生、この指導案は、本当にすばらしいものです。この流れで授業すれば、きっと子どもたちも理解するだろうし、参観に来られた先生方も満足することでしょう。若い先生方の手本になる授業になります。でも……。」彼は、聞き返した。「でも……？」私は、答えた。「でも、面白くない。授業が整然と流れ、うねりがない。子どもが本当に考え込んでしまう場面がない。」彼は「では、考え直すべきですか。」「考え直してください。この指導案の授業では、面白くありません。私が、あなたの授業に期待したものではありません。」

沈黙があった。やがて彼は口を開いた。「板東先生。先生なら、きっとそう言ってくださるだろう、と思っていたのです。私自身、きっとうまく流れるだろうけど面白みがないな、と感じていたのです。板東先生に話してみて、気持ちが決まりました。子どもたちは悩むだろうけど、私が本当にやってみたかった流れに挑戦します。この授業は、私にとっても最後の公開授業になりますから。」彼も時折、校長ではなく、板東先生と呼ぶ。

算数の小数倍の授業だった。当初の案には、整数倍から入り、1.2倍という小数倍に進むという流れだった。当日の授業では、いきなり0.8倍というような1よりも小さい倍から入った。当日、黒板に描かれた線分図をめぐり、子どもたちが激論を戦わせながら、倍概念を理解していった。参観者は、その展開とそれに立ち向かう子どもたちの姿にうなっていた、という。

子どもを高いものに挑戦させるなら、まず教師自身が挑戦しなければならない。そういう挑戦をおもしろい、と考える土壌が山田に培われ、それが全員の糧になっていった。

8. 教育の入口と出口

1年目に配布した研究会の案内に載せた「脳みそが汗をかく授業」は、全市で話題になった。参観者の数にも、多少の影響があったかもしれない。

2年目の案内を作成するにあたり、研修担当の二人が校長室に相談に来た。案内に載せるキャッチフレーズについて相談があると言う。彼らによれば、昨年度に続く研究会になるため、「脳みそが汗をかく授業」は続けて載せたいと言う。そして、山田の授業の合言葉「はじめの5分と切返し」と、2年目は幼稚園も公開するため、山田の幼小連携の合言葉「学びの根っこは、遊びの根っこ」を載せると言う。私は、了承した。

しかし、彼らはもう一つのキャッチフレーズを用意していた。今回の授業は、小学校で4クラス、幼稚園は3名の教師で公開授業に臨む。合計7名の授業者の中で、今年度定年を迎える教師が（私も含め）3名、20歳代が3名になる。彼らはこれを指して、新たなキャッチフレーズを考えており、それを相談に来たのだった。それが、「教育の入口と出口」

こうしたフレーズを織り込んだ斬新な原案を手に、彼らは再び校長室に来た。私は、その新鮮な企画に驚かされた。しかし、彼らの発想はさらに斬新なものだった。授業者の名前の欄に、授業者の写真と年齢を入れたいと言うのだ。付属学校の研究会などで、授業者の写真が載ることは、たまに見かける。しかし、この個人情報に厳しい中で、年齢はどうだろうか。私は、正直に彼らに危惧すると、話した。すると、彼らは言った。

「校長先生。やらない後悔より、やる後悔じゃあないですか。」

主管する教育委員会に問い合わせてみた。すると、本人の了解さえ取れれば問題はない、とのことだった。さっそく授業者に確認すると、20歳代の3名は了解、今年度退職の60歳の3名も了解だった。残る一人は40歳代だったが、幼稚園の教師だったので、幼稚園の3名を、「27歳～60歳」と表記することでクリアした。

この案内は、前回にも増してインパクトがあった。授業者の写真はおろか年齢まで載せた斬新さ、キャッチフレーズのユニークさ、そして校長自身が公開授業を行うという話題性……研究会終了後、数年たっても神戸市の教員の記憶に残っていたほどである。

私は、こうした取り組みからも教えられた。既成の常識にとらわれず、本質的な授業や教育に取り組むのなら、研究会の組織・運営も、当然、そういう路線に向かう。年齢を載せたり、校長自身が授業を行ったりすることはどうかという声も聞いた。キャッチフレーズがふざけているという批判もあった。しかし、キャッチフレーズは真剣に授業を追求し、一番イメージしやすいものとして選び取ってきたものである。年齢も若手とベテランが、それぞれの立場に置いて挑戦しようとする表現である。とらわれず、授業そのものに向き合おうとした結果である。外部を意識するのではなく、内部から沸き上がったものを、素直に表現する。

山田には、本質に向き合おうとする気風が生まれていたのである。

教育は、創造である。

「やらぬ後悔より、やる後悔」

授業が変われば、学校が変わる。若い担当者たちに教えられる日々が続いた。

9. 盛り上がる気風

「こんな地図を見つけました。」

5年生で社会科をする担任が駆け込んで来た。見ると、古い山田の地図が描き込まれている。そこに、見慣れない線が描かれていた。

「山田に鉄道を敷く計画があったようなのです。」

私にとっても、初耳だった。地元の人からも聞いたことがなかった。彼は、研究会で環境を取り上げる。山田の活性化を図るために駅を作るのはどうか、と問いかけようと考えていたのである。交通が便利になれば活性化するものの、山田の豊かな自然は損なわれる。この矛盾を突き付けようと考えたのである。そこで、子どもたちのイメージを高めるために、別の区の地下鉄が開通する前後の写真を使おうと検討していたのである。

その中で、かつて山田にも鉄道敷設の計画があったことが判明したのである。実際は、地形の問題もあり、計画は断念されたそうである。架空のことより、現実を突きつけることは、授業での効果は計り知れない。授業当日、子どもたちは古い地図に見入り、電車の走る山田を思い浮かべ、現在の山田と比べて考え込んだ。

ある教師は、言う。「山田に出会っていなければ、そこそこに頑張る自分で満足していたかもしれない。」また、ある教師は、山田で得たものを「奥深いけど、シンプル」と表現する。「本気の授業は、子どもたちの目の輝きを変える。そのためには、教師自身の目の輝きを変えることがまず大切であることを、私は『授業』に向き合うことで、改めて感じました。」公開授業に臨んだ教師の言葉である。ただ丁寧に教え込むことから脱却し、深い思考を目指し、教育の本質を問い直す中から、授業に向き合った言葉である。

本質に向き合うことで、一人ひとりが自由になった。誰もが本質を目指し、決められた型を脱ぎ捨てることになった。言葉を嗅ぎ分けるようになった。何が本物で、何が大切なのか、常識で測るのではなく、自身の感性で嗅ぎ分けるようになった。立場や役割で物を言い、聞くのではなく、本物を求め、語り合うようになった。本質を求める仲間への信頼が増し、創造を目指すようになった。

山田は、熱くなった。誰もが、授業を熱く語るようになった。かつて語った「夢」は、いつのまにか誰もが共有する「理想」に変わった。熱気が熱気を呼び、その理想に向かおうとする仲間が、一つになり、走り始めていた。

10. 変わる学校

秋の運動会に1年生が学級閉鎖のため、参加できなかった。運動会の片づけが終わった後、誰からとなく、1年生に何かできないか、という声があがった。皆で知恵を絞り、1年生が登校できるようになったら、20分休みに全校種目「大玉送り」を行い、その後1・2年生だけが残り、表現演技と競争演技だけを行う「ミニ運動会」を行うことになった。保護者にも案内を出した。

10日後、元気に登校する1年生を交え、全校生、幼稚園児が参加する「大玉送り」が行われた。熱戦の末、2対1で赤が勝った。1年生の担任が、全校生・幼稚園児にお礼を言った。チャイムが鳴り、ここで他学年は教室に戻る予定だった。でも、誰も動かない。1・2年生の演技が始まった。応援の声と拍手が起きた。その時、応援団長が立ち上がった。全員の声が大きく運動場に響き渡った。演技が終わり、当然の如く、高学年の演技係の子どもたちが道具を片づけた。参観に来た保護者の中には、涙を流す方もいた。私は、子どもたちに、そして先生方にお礼を言った。

授業時数は、大切である。しかし、学校にはそれ以上に大切なものがある。それを感じ、そのために自然に動く学校ができ上がっていた。

PTAから、PTA講演会での講演依頼があった。保護者の中から、校長先生に山田が目指す教育について話してほしいという声があがったという。私は「なぜ、勉強するのか。」というテーマで話すことにした。なぜ、勉強するのか。それは、「おもしろいから」である。勉強は、頭を使った遊びである。集中し、夢中にならなければ、遊びはおもしろくない。だから、山田は、面白く、子どもが目を輝かせる授業を目指していると話し、授業の様子をいくつか紹介した。保護者は真剣に聞いていた。会が終わり、ある保護者から「なぜ、勉強するかなんて考えたこともなかったです。最近、子どもがよく学校の授業の話をします。」と話しかけてきた。

学校が変わっていく様は、確かに保護者にも届いていた。

山田小学校は、約半数の子どもがバス通学をしている。このバス代も、児童数減少の一つの原因になっていた。当時、神戸市では通学バス代に半額補助が出ていた。これを何とか全額補助してもらえないかと、何度かかけあってきたが、阪神・淡路大震災以降の緊縮財政を強いられていることから、実現は難しいと断られていた。

入学式の後、校長室で地域の方々と話す中で、話題は児童数のことになり、バス代のことになった。全額補助が難しい実情について話すと、学校がこれだけ動いているのだから、地域も動かなければという話になっていった。いつしか学校の職員は、村の人々とつながりを増し、地域の行事にも多くの職員が参加するようになっていた。学校の活気は、村の人々にも伝わっていた。そんな学校のために地域も何か、と声があがった。

秋のことである。校長室の電話が鳴った。入学式の時の地域の方からだった。「校長先生、バス代全額補助になりそうです。」聞けば、あの後、村の全ての自治会の会長が集まって話し合い、全自治会長が署名して、市に嘆願に出かけてくれたそうだ。バス代全額補助が正式に伝えられたのは、入学説明会の最中で、ちょうど保護者にバス代の説明をしているところだった。奇跡は、奇跡の時を選ぶ。参加した保護者から「ドラマみたい。」という声があがった。

学校が、変わる。教育を問い直し、授業を見つめ直し、仲間と語る中で、授業が変わり、学校が変わる。教師が変わり、子どもの目が輝く。目の輝きは大人を変え、そして、周りをも変えてゆく。

11.「力のつく授業」2年目に向けて

時折、職員に向けて、授業について書いたものを配った。

その一つ「『力のつく授業』2年目に向けて」である。

何を書くか、分からない。

「力のつく授業」1年目を終えた時点、そして2年目を迎えるにあたり、今、考えることを正直に書いてみようと思う。

今、山田では授業に対する関心は高まっていると実感している。

授業を大切にしようとする機運は、確かに満ちてきていると思う。

その根底にあるのは、自由と意識の高まりだと思う。

人は自由な雰囲気の中でないと、創造性を持つことはできない。

去年の取り組みの中で、授業について話しているときに、私の言葉に「納得できない。」と正直に言う姿があった。先輩の意見に、「それは違うのではないか。」と食い下がる姿があった。私は、こういう姿は美しいと思う。

それは、この山田には目指すべき姿勢を見せる先輩の姿があるからだと思う。何が大切かを選び取り、それに向かって実践していく姿があるからだと思う。若い教員は、そういう姿を見ている。若者もまた選び取ろうとする気概を持っている。そういう気風は大切にしなければならない。

こうした機運の高まりが、感じられる。


しかし、果たしてその高まりに比例して、授業も高まっているか。

残念ながら、そこには至っていない。

なぜだろうか。

それは、自己変革に挑む勇気に欠けているからである。

かつて、先輩に「授業の前と後とでは、子どもが変容しなければならない。」と言われた。

子どもを変えようと思うのなら、まず変わらなければならないのは、教師である。

今日はこれを教えよう、という手順とテクニックのみに目が行き、教師主導の平板な、感動や発見のない授業に陥っていないだろうか。

いつかやれば、今日でなくても……

私は、今年、発見したことがある。それは、「物事には、必ず終わりが来る。」ということ。

「いつか。」では、変革することはできない。

気概を持ち、そして勇気を持った授業に挑もう。

それは、「発問」である。

私自身社会科を担当していて、筋道は考えている。

私自身の中で、その筋道は納得できるものである。しかし、それだけでは授業にならない。どう、発問するか。具体的に、どう口に出すか、である。

「その発問に、責任を持て」

責任を持った発問ではない。その発問に、責任を持て。

自分が口にした言葉には、最後まで責任を持つ。

介入してみて、授業者の発問に実際に答えてみようとする。その発問に沿い、できるだけ幅広い答えを考えてみることである。こうも考えられる、ああいうふうにも考えられる。

それを口に出してみる。


子どもは、すごい。

夢中になり、発見し、問い、悩み、輝くことができる。

そこには、年齢の差は無い。

幼稚園から6年生まで、子どもの姿に感動する授業に挑もう。

12. 研究会……

こうして、山田の3年間の集大成、研究会当日を迎えた。

2月1日、朝からの大雪は、昼頃にはその舞を収めた。果たして、神戸には似合わない白銀の世界が広がっていた。積雪はあるものの、道に少しずつ車の影が戻り始めた。

「研究会ができるだけでも良かった。でも、この雪だから、参観者はぐっと減るだろうね」駐車場に用意した運動場に、ポツリポツリと入り始めた車を見ながら、職員室で、教頭先生と話していた。

と、瞬く間に、運動場は車にあふれ、駅からのバスは満員になった。

たった70名ほどの小さな学校の3年間の足跡を確かめようと、全国から200名を超える参観者が集った。私は、仲間とともに、「再び、頂へ」と向かった。

第2章　再び、頂へ

再び、頂へ
～最後の授業「憲法改正」～

朝から舞い始めた雪は、昼前にはさらにその勢いを増し、いつしか山も畑もそして道路も、白く深く沈んでいった。神戸では数年に一度しかない白銀の世界が広がっていった。駐車場に予定している運動場も白く染まり、ひっきりなしにかかる電話は、午後に予定されている研究会実施の有無を問うものであった。

２０１８年2月1日。児童数70名ほどの山あいの小さな学校に、全国から200名を超える参観者が集い、神戸市立山田小学校・幼稚園「力のつく授業」研究会が開催された。私は、校園長として研究会を主宰するとともに、12名の6年生の子どもたちとともに最後の授業、

「憲法改正」に臨んだ。

脳みそが汗をかく授業……これが、山田の合言葉だった。

1．校園長として

山田に着任し、問題解決学習に取り組みたいと考えた。

校内研修の初めとして、当時の6年生に対し、私自身が「行基（大仏造り）」の授業を行い、職員がイメージをつかんだ上で、目指す問題解決学習の仕組みについて話した。子どもを深い思考に追い込む授業を目指し、子どもだけでなく教師自身も「脳みそが汗をかく授業」を創り上げようと呼びかけたのである。

その手立てとして、授業の導入と思考の揺さぶりを重視した。問題解決学習を目指すなら、授業の課題そのものを子どもたちが解決したいと願わなければならない。そのためには、導入である。

導入に資料を用い効果的に活用するには、教師がくどくど説明するのは、厳禁である。黙って、提示。はじめの5分はしゃべらない。このことをまず徹底した。問題を解決すれば、子どもは満足して安心する。そこを揺さぶる。授業の後半に仕掛ける揺さぶりを、山田では「切返し」と呼んだ。

導入と切返し。これを意識するために、「はじめの5分と切返し」をキャッチフレーズに研修に取り組んだ。

山田小学校には、山田幼稚園が併設されている。幼稚園を見た時、驚いた。そこに、目指す問題解決学習そのものが展開されている。あそびのルールを巡り、子どもたちは知恵を絞り、話し合い、試し、築き上げていく。幼稚園の担任はそれを見守る。その年の夏季研修の講師は、幼稚園の担任たちになった。小学校も幼稚園も目指すものは、本当に同じ。学びの本質は、遊びにある。

学びの根っこは、遊びの根っこ……

幼稚園と小学校をつなぐ言葉が生まれた。

教師の仕事を授業ととらえるならば、学校の長である校長は「その学校で、一番授業の上手な人でなければならない。」それが、私の信念だった。

各教室を廻っては授業に介入し、途中から担任に代わって授業をすることも度々だった。介入すると、放課後、担任が教科書を片手に校長室を訪れる。そこで互いに授業について話し込む。この時間は、何よりも豊かな時間だった。時折、教室を訪れても、黙って教室を去ることもある。すると、担任から介入しなかったことに抗議が起きるようにすらなっていった。介入した言葉を受け「校長先生は、ああおっしゃいましたが、私はこんなふうに考える。」というような介入返しにもあい、それを見つめる子どもの目は輝いていた。

授業を介して学校が育ち、授業を介して教員同士が話すようになった。

そして、研究会を迎える。授業者は、幼稚園を含めて7名。その年、定年を迎える者（私を含め）3名。20代3名。研究会の案内のポスターには、「教育の入口と出口」と描かれていた。

2. 授業者として

（1）なぜ、憲法改正を取り上げたのか～

子どもを深い思考の世界に追い込むことが、授業のねらいであるととらえている。4月以来の歴史学習の中で、さして歴史に興味を持っていなかった子どもたちの目が変わってきた。それは、故郷「山田」を歴史に織り交ぜてきたからであり、歴史の中に自分自身の座標を置き、自分の視点をその場に据えながら、歴史的事象をとらえてきたからだと考える。とにかく、子どもたちは考えることが好きになった。自分の想いを綴るノートの分量が飛躍的に伸びた。それにコメントする私自身の分量も増えた。授業時間が終わっても、ノートを介し、課題追究は続いていった。子どもたちの書く内容は深くなり、授業者の想定をはるかに凌駕するものになった。授業内での発言も、深く静かなものになっていった。導入に際しては、にこやかに笑い、つぶやき、授業が進むにつれ、その口調は静かに深いものに変質してゆく。そういう授業が繰り返された。子どもを根底から信じることができた。これが何より、「憲法改正」に取り組もうと考えた第一の要因である。

憲法は、日本の歴史の帰着点であるととらえている。長い歴史の中で、ようやく到達したものであり、その一言一句は各時代の歴史的事象に結びつく。歴史学習の中で、戦争が終わり、あたらしい憲法ができたことを告げた上で、子どもたちは戦争直後の人々の想いに寄り添い、自分たちの考えを集約して、「6年1組憲法草案」を作成した。それは、まさしく憲法9条であり、3原則そのものであった。政治単元が未習であっても、歴史的帰着点としての日本国憲法は成立する。GHQなど、制定の経緯についても学んだが、子どもたちの憲法に対する想いに揺らぎはなかった。やがて政治単元に入り、憲法の前文、そして3原則一つひとつを詳しく学んでいった。子どもたちの手元には、憲法に対する大きな学びが蓄積されていた。これが、第二の要因である。

研究討議の中でも質問が出た「憲法改正についての結論を求めること」がねらいではない。「憲法改正」というテーマを用いて、子どもたちを深い思考の世界に導くことが、何よりのねらいである。何をつかむかではなく、深い思考を体験すること、子どもたちを国民の視線、山田に生きる一人の人間としての視線に追い込んでいく。社会的事象をどうとらえ、どう向き合うか、これが授業のねらいである。新しい指導要領でうたわれている「学びに向かう力」。これが、本時設定の第三の要因である。

(2) 授業の構成

2学期が終了し、冬休みの課題として、日本国憲法全文を子どもたちに配布した。それをすべて読むという課題ではなく、憲法に触れる機会を持つというように説明し、子どもたちに手渡した。社会科好きになっていた子どもたちは、自分でパラパラめくってみたり、家族と話したりしていたようであり、それは想定通りの反応であった。

教科書では、政治単元の導入として、「高齢者福祉」を地方自治の例に取り上げている。山田の校区内にも福祉施設があり、子どもたちも1年生の時に交流体験をしているが、あまりなじみ深いものとは思えなかった。そこで、1月という時期でもあり、防災、阪神淡路大震災を取り扱った。復興予算と神戸市予算を比較することから、市政の仕組み、市民の政治参加、地方自治の仕組みなどから、国政へと進んだ。憲法の国民主権とも特に関連する三権分立は、特にていねいに取り扱い、「わたしたちのくらしと憲法」に入った。

〈単元構成〉

わたしたちのくらしと憲法（全　9時間）

憲法の理念と構成

憲法前文を読む……………………………………………1時間

憲法の構成と制定の経緯…………………………………1時間

大日本国憲法と日本国憲法………………………………1時間

憲法の3原則

基本的人権…………………………………………………1時間

平和主義……………………………………………………1時間

国民主権……………………………………………………1時間

憲法の意義

最高法規と改正手続き……………………………………1時間

歴史と憲法3原則…………………………………………1時間

再び、憲法前文を読む……………………………………1時間（本時）

右記が、単元計画である。授業終了後には、必ずノートを集め、コメントし、その全てのノートをコピーし、手元に置いた。これは、子どもたちの考えの変遷の記録にもなった。

① 憲法前文を読む

前文のみのプリントを配り、黒板には模造紙に手書きの前文（本時にも利用）を貼り、大意をつかませた。歴史学習で学んだ3原則が、どこにどう表記されているかを確かめ、感想を求めた。子どもたちは、国民の願い（特に戦争に対する）が具現化されたものであるというものが多かった。天皇・貴族・武士などから国民に主権が移ったこと、身分差別など、歴史と結びついた感想も多かった。GHQは国民のことをよく考えている、という考えも多かった。

② 憲法の構成と制定の経緯

憲法の構成表を配り、各章の見出しを書き込ませることにより、憲法の構成と中味をつかませた。第1章から第11章までのそれぞれの条文の多寡に気づき、特に平和主義については、第9条、ただ一つであることに刮目していた。9条は完全に子どもたちの心に焼き付いた。この条文の多寡をもとに、GHQがどのようにして憲法を制定していったかの経緯を話した。本時でも取り上げた白洲次郎もここで登場させた。

③ 大日本帝国憲法と日本国憲法

2時間が終わった時点で、3原則に入る予定だったが、子どもたちにもう少し日本国憲法の全体像をつかませる方が良いと判断し、この時間を入れた。大日本帝国憲法と日本国憲法の比較表を配布し、その違いを比較させた。軍事統帥権、国会が天皇の協賛機関であることなどから、主権が天皇にあったことなども、明確につかめたようである。また、制限選挙と普通選挙の違いなどに改めて着目し、それが本時にもつながった。

④　基本的人権

前時までは、日本国憲法がすばらしいという実感を持たせることがねらいであった。ここで初めて「新しい人権問題」を提示し、憲法に対する揺らぎをつくる仕組みを考えた。教科書に載るさまざまな人権を見て気づいたことを出し合う中で、子どもたちはそれぞれの問題が歴史的事象に結びついていることに気づいていった。同時に義務が書かれていることに気づき、これは前文の最後の「日本国民は（中略）全力を挙げてこの崇高な理想と目的を達成することを誓う」に結びつくことをおさえた。「新しい人権問題」は、この時間の切返しになった。これが後に本時の多数を占めた加憲につながったと考えている。

⑤　平和主義

世界の軍事費のグラフを見せ、日本の軍事費について、どう考えるかを問うた。約

5兆円の軍事費がどう使われているかを調べ、自衛隊費、米軍基地への費用に多く使われていることをつかんだ。歴史学習の中で見た自衛隊の写真を再び掲示すると、「外国の人が見たらやはり軍隊と思うだろう」という意見が出た。9条がクローズアップされるとともに、ミサイルへの恐怖も出て、真剣な討議が行われた。授業後の感想の中には、9条と自衛隊のことについて「小さい子の言い訳にしか聞こえない。」というものもあった。

⑥　国民主権

衆議院選挙の投票率のグラフを見て気づいたことを出させた。投票率がだんだん下がっていることが出てきた。このことを棄権ということを押さえ、なぜ、棄権がいけないのかについて考えた。三権分立に立ち戻り、国民主権を最も発揮するのは、選挙であることに気づいていった。ここで、「棄権もまた国民の意見の表現ではないか。」と揺さぶってみた。感想の中には「自分が18歳になったら、まわりに流されずに、しっかり自分の意見を出したい。」というものがあった。

⑦　最高法規と憲法改正

憲法に矛盾する法律は通してよいのか、あるいは外国との関係で憲法に合わないことは約束できるのだろうか、ということを取り上げた。「憲法＜外国との関係」なのかを問いかけた。子どもたちは憲法と矛盾することは批准してはいけないと考えていた。そのうえで、憲法改正手続きの96条を、現在の国会の勢力で計算してみた。今の与党は衆議院では三分の二以上の議席はあるが、参議院では届かない。最後に国民投票が必要であることから、改めて国民主権の意味、最高法規の意味に気づいていった。

⑧　歴史と憲法3原則

インフルエンザがおさまり、全員出席できることになったので、歴史と憲法3原則の関係についての授業をはさむことにした。「日本の歴史と憲法の3原則」を振り返ると、憲法制定後には、日本国内や外国との関係において、戦争が一度もないことは一目瞭然になった。封建制度を確立した江戸時代には基本的人権にかかわる制限が多いこと、明治においてもその傾向は変わっていないことに気づき、憲法の意味を確かめていった。日本国憲法制定までは、一度も国民が主体者になっていなかったことも改めて確かめ、憲法の意義に十分気づいたうえで、本時を迎えた。

〈本時の構成に対する考え〉

単元の学習を通して、日本国憲法はすばらしいという感覚を子どもたちに持たせると同時に「新しい人権問題」など必ずしも現代には合わない側面が出てきているという揺さぶりをかけてきた。導入において、日本国憲法の前文がアメリカの憲法と似ていることから、あれほどすばらしいと考えていた日本国憲法の前文が各国の憲法の寄せ集めとも言われていると揺さぶることから、授業に入る。

単元の学習を通し、少しずつ感じている現代との齟齬をもとに、個々の子どもたちの憲法（前文）への意識の変化を確認し、それを戦後間もない時の国民の感覚と現代に生きる我々との感覚のずれに重ね合わせることで、現代の国民は憲法に対してさまざまな考えがあるだろうことに気づかせ、本時の中心課題である「日本国憲法は改正すべきか」を導き出す。

そこで「各政党の憲法に対する考え方」をもとに、子どもたち一人ひとりが①憲法を変えるか変えないか②どの政党の考え方に一番近いか③それはなぜか、を記入させたうえで、全員に考えを発表させる。資料については、難しい語彙もあることから、各政党の考え方について解説しながら読み上げていく。全員の意見を聞いた後で、それぞれの考えについて話し合う。ここでの話し合いの柱は、おそらく戦争への考えが中心になることだろう。話し合いが平衡化した時点で「われらの子孫」という言葉を取り上げ、未来から現在を振り返れば、という視点を加える。最後に、GHQの最初の草案には憲法の見直しが載っていたこと、白洲次郎が「憲法はGHQの押しつけであるが、同時に『いいものは、いい』」という言葉を残していることを伝え、まとまりかけたそれぞれの考えに最後の揺さぶり（切返し）をかける。最後に「憲法改正」に対する、自分の考えをノートに書かせる。

（3）本時〈授業の実際〉

〈はじめの5分〉

黒板にアメリカの憲法の一部を掲示し、「何でしょう」と問いかけた。文面が似ているので、案の定、子どもたちは「日本国憲法の前文」と答えた。「違います。」と突き放すと、改めて日本国憲法前文を読み直し、違うことを確認した。そこでアメリカの憲法の一部であることを告げた。

ここまでは、恐ろしいほど予定通りに進んだ。子どもたちは全員が同じように二つの類似に戸惑い、GHQと憲法の関わりを思い起こした。後で参観された方が「時間を計っていたら、ぴったり5分だったので、本当に驚きました。」と言っていた。

〈2分節〉

憲法に対する子どもたち自身の揺れは、現代の国民の考えにも重なっていることにつなぎ、「日本国憲法は改正すべきか。」という中心課題を導き出す分節である。

ここは、想定外だった。子どもの発言は「最初に読んだときは……でも、今は……」というふうに揺れることを想定していた。ところが発言した4人の子どもたちは全員が「変わらない」と答えた。後で振り返ると、「変わらない」というのは憲法の3原則や9条のことで、根幹のところは変わらない、と答えていたように思う。私の想定した答えは、言葉の端々や字面をなぞり、想定していたのであって、子どもたちはもっと深い部分で答えていた。もっとも、私は、この字面を引き出すために「今でも、全然、変わりませんか。」と「全然」を強調するように何度もシュミレーションしてきたのに、本番では「全然」を使うのを忘れていた。後で振り返ると、子どもがより深く考えたので、これで良かったかなと考えている。そこで「君たちの考えは変わっていないけど、日本全体ではどうだろうか。」と切り替えて発問した。ここで、この授業の後半をリードすることになるS君の加憲支持の意見が出た。この考えは新しい人権問題にふれたもので、当然の意見であり、全員の考えに影響するのも当然だった。今までの学習の中で、総理大臣の憲法改正への発言のニュースや国会での争点についてノートに書いている子がいたので、その二人に発言を求めた。実際の改正に関わるニュースの話が加わったため、「日本国憲法は改正すべきか。」という課題への追求は現代の必然の課題でもあることとして、子どもたちの腑に落ちた。

〈3分節〉

「憲法に対する各政党の考え」を配布し、その内容に解説を付け加え、読み上げた。その後、各自の考えをプリントに書き込ませた。ある子どもが、自分の考えに近い政党の欄に、護憲の3党（B・E・G）と書き込んでいたが、「選挙で投票するのは一つだけ」と話すと、消しゴムを手に考え込んだ。

党	改憲に対する考え方	考え方
A	○	自衛隊を明記、教育の無償化・充実・強化 緊急事態対応、参議院の合区解消など4項目
B	×	全条項を守る、9条の精神に立った平和的な外交をめざす
C	○	9条を含め、改正論議を進める
D	○	新たな条文を付け加えること（加憲）による改正
E	×	専守防衛を逸脱し、立憲主義を破壊する安全保障を前提とした9条の改悪に反対
F	○	教育の無償化、統治機構改革、憲法裁判所の設置など身近な改正案を国民投票にかける
G	×	9条の死文化に反対、平和主義・国民主権・基本的人権の尊重の3原則を遵守（守ること）
H	○	自主憲法の制定をめざす

ほぼ書き上げたようなので、「手をおきましょう」と声をかけ、順番に考えを発表させ

ていった。結果は、次のとおりである。

〈変えない〉	〈変える〉
5	7
E……1、G……4	A……1、C……1 D（加憲）……5

一通り意見を聞いた後に、それぞれの意見を聞いてどう思ったかを問うた。

手が挙がらなかったので、変える側でただ一人A党と答えた子に意見を確かめた。彼は9条の効果を認めつつも、現代のアメリカ大統領の言動やミサイルへの不安から変えるべきだという考えは変わっていない、と答えた。その後には、加憲の意見が続いた。子どもたちの意見は「3原則や9条など、すばらしい日本国憲法により付け加えることによって、さらにすばらしい憲法にしていこう」という主旨のものだった。70年間戦争をしていないという史実も子どもたちにとって、大きな意見のよりどころになっていた。この話し合いで、当初変えないという意見だった人の何人かが変える（加憲）へと動いた。

ここで「未来から」という視点の発問をぶつけてみた。発問の前に、ある男児が「今まで守り続けてきたのはいいと思うけど、伝統と今の国民のためとは少し違う。」という未来に視点を変えた発言も出ており、それにも乗るつもりで発問した。すると、「これから100年の間の発展はもっとすごいだろうから、さらに付け加えた方が良い。」「すごく進歩した未来から見たら（変えなかったら）なぜ変えなかったのだろうと思われる。」というように加憲への加速が見られた。

最後に切返しとして、GHQの当初の草案（10年ごとに憲法を見直す）と白洲次郎の話を紹介して、各自の想いをノートに書かせた。

〈各自の答え……4分節〉

3分節（プリント）		4分節（ノート）		
変えない	変える	変えない	迷う	変える
5	7	2	1	9
「変えない。」の5人の中で3原則や9条に触れた子が4人。「変える。」のほとんどは新しい人権のことだった。ミサイルへの恐れを書いたのは、2人。		「変える。」の9人の中で、3原則や9条は守ったうえで、付け加えるとした子が7名。「変えない。」の中で、国民は改正したいと言っていないのではないか、という意見があった。迷うという選択には、変えるとしたら、変えないとしたら、という両論が書かれていた。		

（4）静かに、熱い検討会

授業の指導助言は、T先生にお願いした。T先生は、私が校長になり最初に指導助言した先生であり、私の最後の授業の助言をお願いした。資料を求め、東京の憲政会館に行ったことを彼に話すと、彼もまた冬休みに憲政会館に出かけてくれた。静かだが、熱い参加者が集い、白銀の中、検討会が始まった。

歴史と憲法を結びつける子どもの学びや今のニュースや社会の情勢を憲法の課題として関連付ける子どもの姿についての話から始まった。深い学びには、深い教材研究とそれを子どもに問いかける手立てが重要になること、子どもを信じ切ること……

教育にとって、当然のことでありながら、普段、語られることがない話が出席者の口から次々に語られていった。授業の空気に言及する人が多かった。静かなしっとりとした語り口なのに、ぴんと張り詰めた空気に包まれ、100人を超えるだろう参観者にものおじすることなく、静かに自分の想いを語る子どもの姿。5・6年生の分科会なのに、幼稚園関係者が多数いて、思考をゆらす発問が保育の参考になったということも語られた。

本気になること、職人、山田小学校・幼稚園全体の高まり、教育の本質、教育の原点……

時間が飛ぶように過ぎ去り、静かに穏やかに、しかし熱く本質的な時間が流れていった。

いつしか、白かった道も、黒い地肌を見せ始めていた。

(5) 授業を振り返る

私が、授業に初めて目覚めたのは、30代に行った「安保闘争」である。自分にとって、生涯の契機になった授業であり、授業の組み立てとともにその奥深さを学んだ授業である。以来、常にそこを意識し、かつ乗り越えることができなかった授業である。まさに、私にとっての教育の入り口であった。今回、最後の挑戦になり、「あの安保を越えたい。」というのが、私の切なる願いであり、最後の挑戦だった。

そのために、本当に努力した。

掲示に使う日本国憲法前文、アメリカの憲法の一部は、全部毛筆で手書きした。前文を習字で書くにあたっては、ほぼ6時間を費やした。

細案を書いた。模造紙に細かく書き込み、何度もシュミレーションし、シュミレーションする中から、発問を選び、板書を整理していった。毎日、細案は変化し、ある時から固まっていった。60回のシュミレーションの最後には、発問はすべて動きもつけて体に刻み込まれていた。当日、おそらく100人を超えた参観者の中でも、ぶれることはなかった。

子どもたちはすごかった。授業を録画したＤＶＤを見ながら、その言葉を拾ってみると、どの子どもも本当に真剣に考え、その討論は相手の発言の根底をとらえたものになっていた。手が挙がらない時間もあったが、それは各自が本当に真剣に考えている時間であり、誰にあてても自分の言葉で静かに語ることができていた。

安保とどちらが、という判断はできない。でも「安保」という入口に対して「憲法改正」は出口と言える授業になったことだけは、確かである。

さらに、教育の根幹である「授業」を核にする学校園を創り出せたことに、誇りを持つ。

3. 一教育者として

今から30年近く前、「安保闘争」の授業に取り組んだ。

それが、私の授業の「入口」になり、生涯目指す頂となった。

校長として、教師として、最後の時を迎える今、再びあの頂を目指したいという想いがふつふつと湧き上がってくるのを押さえることはできなかった。

4月からの歴史学習で、子どもの目が変わった。

ふるさと「山田」が歴史の中に表れるにつれ、子どもたちは歴史の中に引き込まれ、そして、学びは深く、静かなものになっていった。
そういう子どもの姿を、心の底から信じることができた。

憲法は、日本の歴史の帰着点である。
その憲法が、今、揺れている。
憲法改正の是非を問うのではない。
歴史を学び終えた者として、そしてやがて担う主権者として、
課題に真正面から取り組み、深い思考の世界を体験することこそが、ねらいである。

大雪の午後、100人を超える参観者の中、12人の子どもたちは静かに座っていた。

黒板に貼られた「アメリカの憲法前文」があまりにも日本国憲法前文に似ていることに、素直に驚きの声をあげた。以前に読んだ前文を広げ、制定時のGHQの存在を思い起こし、納得した。同時に、かつてあれほど称賛の声をあげた前文への想いもわずかに揺らいだ。
あたかも制定時の国民の想いと現代の人々の想いの変遷にも重なるように見えた。
日本全体では改正をどうとらえているのだろうか、という問いに、3原則に対する想い

は変わらないという考えや、ニュースや国会での動きに言及する子もいた。

「憲法改正に対する各政党の考え」の資料を読み、改正に賛成・反対、考えが一番近い政党、その理由を書き込んだ。護憲が5名、改憲は7名だった。

改憲派の子どもが口火を切った。

「70年間の不戦はすばらしいが、ミサイル問題や外国の大統領が変わり、必ずしも安全ではない。」

新しい人権問題などから、加憲の意見も続いた。

問うとじっくり考え、静かな沈黙と静寂の中で、どの子も静かに、自分の想いを、自分の言葉で口にした。人の意見と自分の考えを重ね、響き合い、考えを変える者、より深く自分の考えを確かめる者が、相次いだ。どの子も人と語り、自分と語っていた。

100人の参観者と白銀の世界は、完全に子どもたちの背景と化した。

何週間も経つ今でさえ、私の心は震えている。

子どものすばらしさに出会い、すばらしい時間を共にできたこと……

私は、最後に、再び、頂に立つことができた。

第3章　山田を振り返る

山田を振り返る。

それは、創造を形の枠で測ることではない。山田を振り返り、教育の場に創造は可能であることを明らかにすることだ。創造は自由に基づいており、求めれば創り上げることができることを確かめるためだ。山田で、なぜ創造ができたのか。創造を可能にしたものは、何だったのか。

1. 自由であること

〈形に、とらわれない〉

創造を生み出すためには、何よりも自由でなければならない。自由であるためには、「形」にとらわれてはならない。

実は、教育の世界には、こういう形が数多くある。明文化されているものもあれば、暗黙の了解のもとの常識というもののもある。マニュアルという形で示され、誰もが手に取ることができるように備えられているものもある。誰でも、ということは、同時に皆が同じ、という前提がある。そこに、個性は輝かない。

教育に創造を目指すなら、まず教師が自由であり、一人ひとりに居場所があり、自由に空気を存分に吸える職場が必要になる。自由は、与えられるものではない。自らの手で勝ち取るものである。そのためには、示された形を一つひとつ吟味し、その真価を図り、取捨選択しなければならない。それ以上に、価値そのものを自分自身で生み出す気風が無ければならない。

山田のある教師は、授業の始めと終わりのあいさつをなくしたという。授業のはじめに「お願いします」終わりに「ありがとうございました」これを慣例のように続ける学級がある。山田も、そうだった。規範意識を育てる。学習の規律を整える。確かに、いくつかの学校では、まずこのことが求められる状況があるかもしれない。しかし、主体的な学びを大切にする中で、誰にお願いし、誰に礼を言っているのか。私は、何度か、その違和感を訴えてきた。そして、何人かの教師は、これを止めた。

何より授業の組み立てにそぐわない。「はじめの5分と切返し」はじめの5分はしゃべらない、最後には深く考え込み、誰も口を開くことができない、という目指す授業のスタイルに、あいさつは不用であり、弊害にすらなる。形よりも、本質を選び取ることだ。

その教師は、言う。「いつ始まるか分からない授業の始まりに、子どもたちはきちんと席に着き、今まで以上に始まりをしっかり迎えられるようになったと思います。子どもたちが導入の資料や問題に食いつき、目を開いて考え始めるとき、その瞬間が授業の始まりです。」

縛られてきた形を解き放つことで、新たに見えてくるものがある。とらわれを疑い、とらわれを解き放つ先に、自由を手にできることは多い。


〈自由に語ること〉


校長自らが、公開授業を行うことには、いくつかの声があった。校長の仕事は、ほかにもある。何よりも職員に研究の場を与えるべきだ。校長が失敗したら、どうするのか。校長は最後の砦である。また、逆に、私もやれば良かった……

そういう声を必ずしも否定はしない。そう考える校長がいてもよい。ただ、公開授業を行おうとする校長が居ることも、また自由であるはずだ。教育に、束縛は不要である。自由に振る舞える中にこそ、教育に活発な気運が生じる。

授業に関し、山田には校長・教頭・教員の別はなかった。若手・中堅・ベテランの区別もなかった。いや、正確には「無くなった。」が正しい表現かもしれない。

研修担当が、私のことを、校長先生と呼ばず、板東先生と呼ぶ、と書いた。もちろん、外部に向けては「校長」である。しかし、彼は言う。「どうしても校長先生ではなく、板東先生と呼びたいのです。」それは、教育を語る仲間だからである。

かつて「学校経営の基本は、授業です。」と唱える校長とともに作った研究会冊子の「研究同人」の欄には、肩書は書かれていなかった。「安保闘争」を題材に取り上げた私になぜ校長はその題材を取り上げることに一言の非難もしなかったのか、を問うた。すると、校長は「板東先生、あなたは研究誌の最後のページを見ましたか。研究同人が載っているでしょう。あの欄には肩書はつけていません。共に研究を進める同人である私が、なぜあなたを非難できるのですか。」授業に、肩書はない。授業を語るのに、肩書は不要である。

山田では、授業への「介入」が常であった。「相互介入」も奨励した。介入は、授業を介し切り結ぶ真剣勝負である。真剣勝負の場に、肩書や経験は通用しない。隙があれば切られ、時を得れば打ち込む。経験の浅い教師の国語の授業に介入した。放課後、彼が国語の本を持って、校長室にやって来た。開口一番、「校長先生。校長先生のあの発問には納得できません。」私は、その姿を美しいと感じた。国語の教科書を挟み、単元全体を見つめ、なぜ本時のあの発問に至ったかを話した。彼とは、教材解釈にずれがあった。2時間後、彼は言った。「校長先生、明日、私はこういう発問をしてみます。授業を見に来てください。」

こういう姿が日常になり、全ての教員が自由に授業について話すようになった。校長室を訪れる者もあれば、職員室で互いに話し込む姿もある。校長や教頭が授業をするのも、当たり前であり、その授業を批判することも自由である。互いに耳を傾け、言うべきことは言う。そういう気風が生まれ、育ってきた。

〈手渡すこと〉

How Toは、人を縛る。「こう、すれば」言葉は優しいが、中身は命令になる。なぜ、「こう」するのか、根底のことは語られない。形を伝え、形で縛る。想いは、違う。良かれと思い、伝える。しかし、なぜ「こう」なのか、は伝わらない。伝える者にも、「こう」を問う「なぜ」が無いからだ。こうして、形が伝わり、形が人を縛る。教育の世界には、「こう、すれば」が数多くあり、良心のもとに縛り合い、教育を逼塞させてゆく。

ならば、「なぜ」という根底を手渡すことである。あるいは、共に問うことである。人に伝える前に、自らに問うことである。形に要約せず、形の元を探ることである。「こう、すれば」ではなく、「(私は)こう、考えた。」という考えを伝えることである。そして、結論を相手に委ねること、手渡すことである。

授業について、話し合う。多数決で授業を決めるのではなく、話し合う全ての者が語り合い、根底を探ることである。授業の決定は、授業者に委ねられる。その覚悟を持ち、それぞれが自由に、そして深く教材に向き合う。そういう根底を探る作業こそが、授業研究である。各自の視線、各自の想い、各自の考えは自由でなければならない。そこで響き合うものが、授業者に手渡され、最後の決定を待つ。

山田では、そういう授業研究が進んでいった。

2. 夢を語り、語り続けること

〈夢を語ること〉

創造には、夢が必要である。自由な空気の中で、どこに向かうのか、何をしようとするのか、そこにはどんな意味があるのか、どんな世界が拡がるのか……そういうことを語る、夢の語り手が必要である。

校長の仕事は、夢を語ること、だと私は考えている。どんな学校を描き、どんな子どもを育てたいのか、それを語り、語り続けることこそが、校長の仕事である。夢は、校長の発想から始まらなくても良い。職員と話す中から、保護者や地域と触れ合う中から、生まれるものでも良い。誰かの考えに、重ねるのでも良い。しかし、その夢を語らなければならない。

夢は、語り続けなければならない。繰り返しても良いし、手を変え品を変えても良い。ぶれずに、語り続けなければならない。職員が共に夢を描けるように、何度でも、ことあるごとに、やがてその夢に向かう道程を切り開くまで、語り続けなければならない。そして、一端、その道程につけば、さらにその道の行方を語らなければならない。夢を語り、語り続けなければならない。

山田では、問題解決学習をしよう、と呼びかけた。ただ、この言葉から学校の行く末を、子どもたちの姿を、思い浮かべることはできない。夢を、言葉からイメージに拡げなければならない。だから、実際に校内研修で授業をした。そのうえで、目指す授業のイメージを話した。授業に触れ、空気を感じ取る。これは、現場には欠かせない手段である。やがて、次々に問題解決学習を目指す授業を行い、それを互いに批評し合う中から、問題解決学習の授業に対するイメージを共有していった。

イメージを共有し、つなぎとめるためには、誰もが思い浮かべやすい言葉に変換し、それを持つことである。キャッチフレーズ。数々の試行の中から、問題解決学習の授業イメージを「脳みそが汗をかく授業」、問題解決学習に向かう手立てを「はじめの5分と切返し」とまとめた。こうすると、誰もがイメージしやすく、目指す授業を共有することが容易になった。授業研究の中でも、導入と言わずに「はじめの5分」が「校用語」になった。「切返し」が難しく、授業研究の課題として焦点化されていった。語る夢が、実になり始めたのである。

3. 共鳴すること

夢は、響かなければ、ただのかけ声に陥る。夢は、互いに響き合い、共鳴しなければ、実現への道は開かれない。夢には、共鳴する相手が必要なのだ。共鳴は共鳴を呼び、やがて、それは大きな輪になり、全員を包み込む。

共鳴するには、互いに認め合う関係が必要になる。この人なら、という想いが共鳴が始まる起点になる。たとえ、理論の上で、方法の上で、共通していても、そこに認め合う関係がなければ、響かず、共鳴も起きない。共鳴する関係が築かれれば、たとえ意見が食い違おうとも、議論の中から新たに意味のあるものが立ち上がってゆく。

何かを目指して集められた集団ではない。ただ、偶然、そこに居合わせた者同士が、何かを築いてゆくのである。初めは、意思の疎通が図れずとも、当然である。聴くことである。語ることである。共鳴の絆は、ここに始まる。

共鳴するスタイルは、さまざまである。自ら積極的に伝える者もいれば、ひたすら受け、受ける中で認めていく者もある。言葉で語る者もいれば、文に残す者もいる。饒舌になる者もいれば、沈思する中に賛同を表す者もいる。それぞれのスタイルを認め合うことだ。多様なスタイルにあふれる集団は、力強いものになる。違いに目くじらを立てるのではなく、違いを認め合い、大きな方向性に向かい歩む仲間の足音を信じることだ。それぞれ自由な道をたどり、共通の目標を目指すことだ。

4. 拡げること

教室で起きること、変わりゆく様、職員室の中だけに留めるのではなく、拡げていった。「手紙」である。山田が何を大切にし、どんな子どもを育てようとしているのか。そういうことを伝えていった。具体的に描写するのではなく、本質を包み込んで、届けるように、そう考えながら伝えていった。その内容の証は、何より毎日学校に通う子どもたちの表情だった。

学校の外に拡げること。かつて、山田は、山あいの小さな学校に過ぎなかった。神戸市全体に案内が届く研究会を開くことで、その認識が変わった。研究会の案内が配られると「山田は何かおもしろそうだ」といううわさが立つ。1年目の研究会に参加した人は「山田の授業はおもしろい。次は、何をするのだろう」そして2年目の案内「また、山田がおもしろいことを考えている。行ってみたい。」こういう声が拡がるとともに、それはいつか職員の耳にもはねかえってくる。それが、さらに学校の意欲をかき立てていく。

おもしろいことをすると、意識せずとも、周りに拡がってゆく。その拡がりが、学校を育ててゆく。

5. シンプルであること

かつて影響を受けた校長が、こう言われた。「練られた指導案は、シンプルになります。」また、ある教師は山田の教育を「奥深いけど、シンプル。」と表現した。知らないうちに、かつての道をたどっていたのかもしれない。

何かを究めて行くと、それはシンプルになる。山田の研究に参加した人はよく、「言われてみると当然で、なぜこんな当たり前のことに気づかなかったのだろう。」と口にする。物事をシンプルにとらえ、まっすぐにゴールを見つめれば、自ずから道筋は見えてくる。教師という衣を脱ぎ、教育という眼鏡をはずすことで見える教育がある。それは、案外、教育の本質を辿るものになる。

その道が正しいかどうかは、その過程がシンプルに立ち上がっているか、複雑な様相を見せるかで、判断すれば良い。善いものは、シンプルになる。そして、シンプルなものは稀少であり、人の目を惹き、複雑なものは陳腐であり、人目を惹かない。

山田は、子どもの目が輝き、深い思考に追い込む授業で勝負した。

いたって、シンプルである。

6．終わりを意識すること

終わりを意識すると、自由になる。これは、定年を間近に控え、初めて学んだことである。先が続くと思うと、手放すことを躊躇する。それを、どこまでも続けたいと考え、形に残すことになる。それが、次を縛る。

終わりを感じると、今だけ、を思うようになる。一期一会を感じるようになる。だから、今、そのものを輝かせようとする。残すのではなく、今を生きさり、今を輝かせることに舵を切る。今、この仲間で目指し、今、ここに共に歩むことに価値を覚える。次を考えず、今だけを考えるようになる。だから、自由になる。時間とは、今・今・今・今……の連続なのだ。つなぐこと、積み重ねることを否定するわけではない。しかし、それ以上に、今を生ききり、輝き切る、そういう今を連続させるのだ。それが、創造を生む。

冒頭に描いた研修担当との話。できたら、壊す。壊したら、創る。その一瞬に、次が混じれば、そこに純粋な輝きは生まれない。形をつなぐのではなく、今を輝かせるという姿をつなぐのだ。そうすれば、輝く今が連なり、時間はその比重を増してゆく。

山田の時間も、皆、どこかに終わりを感じていたに違いない。だからこそ、懸命に今を輝かせようと努力し、今に生きたという実感を次につなげようとしたに違いない。

7.「ずれ」を埋めるもの

37年間の教員生活で、いつもどこかに「ずれ」を感じてきた。自分では正しいと感じながら、周囲の常識とはどこかずれる違和感を覚えてきた。教育の本質を求めれば、当然こうなると確信が持てることでも、現場ではそうならないことが幾つもあった。そういう中で、本質の香りがする方を選び取ってきた。すると、周りとどこか、ずれを感じることがあった。退職後、兵庫教育大学大学院で教育哲学を学ぼうと考えたのも、その「ずれ」の正体を確かめたかったからである。

でも、山田では、その「ずれ」を感じなかった。本質にまっすぐ向かおうとする本能のままに進んでいく中で、ずれを感じるどころか、職員と一つになり、協調しながら、道をまっすぐに歩むことができた。私が感じ、考えることは変わっていない。むしろ、そこへの確信を深めている。なぜ、ずれなかったのか。

それは、「介入」し、語り合ってきたからではないだろうか。思えば、山田着任当時のことを振返った教師が、変わった校長と感じた、という。「ずれ」は起きていたのだ。夢を語る校長は多い。しかし、教室で教師や子どもと対峙する校長は少ない。介入は、まさに真剣勝負である。勝負の後、話し込む。真剣に戦った後の話は、活きている。その話が、互いを変える。響き合う仲間、共鳴する仲間が生まれる。そういう風景を周りも見ている。夢を語る「言葉」に「実」が伴う。

「やってみると、おもしろい。」からではなかろうか。実践する輪が広がり、キャッチフレーズを思い浮かべ、授業の中で実践してみる。慣れない試みでは、全てが上手くはいかない。でも、子どもの顔が変わる。目の輝きが変わる。それが、おもしろい。どこか、うなずける部分に気づく。それを職員室で話す。他の教員も自分の試みを話す。こうして、職員室のあちこちに、話の渦が生まれる。

全員で確かめる。研修の中で、誰かの授業をもとに、自分自身の実践をもとに話し込む。介入の際の勝負の話が盛り込まれる。「言葉」だった夢に、骨と肉が付き始める。新しい提案が生まれる。夢が広がる。今とは違うからこそ、「夢」だったものが、「現実」として姿を見せ始める。すると、向こうに新たな夢が見え、立ち上がっていく。

「ずれ」の間を埋めるものは、実践と語り合いだったのではないだろうか。かつて担任だった時には、実践は自分の学級だけで完結していた。実践の場を、学校全体に広げることで、かつて「ずれ」と感じたものの方が、現実に置き換わった。実践を元に語り合い、何が本当なのか、何が本質なのかを、自分たち自身の手で確かめてきたからこそ、「ずれ」は現実に置き換わっていったのだ。

山田には、自由に語る空気があり、自由に生きる居場所があった。そして、そこに真剣に対峙する勝負があり、真摯に向き合う瞬間があった。それが「ずれ」を埋め、「夢」を現実にすることができた。

教育は、創造である。

創造は、自由の中から生まれ、今を生き切ることで、輝くものである。

教育の創造は、輝くものでなければならない。

第2部　又新《ゆうしん》の会

～「教育の創造」を伝える～

～「又新の会」とは～

「又新《ゆうしん》の会」は、山田小学校の旧校名「又新小学校」に由来する。２０１４年11月より、月に一度、有志が集まり、教育について話す場（当時は「月一の会」）を設けてきた。山田小学校への転任を機に、「又新の会」と改名した。

この会では、授業、学級経営、児童理解などについてテーマを決めて話したり、参加者同士が各学校で抱えている問題について情報交換したり、話し合ったりすることを常としていた。毎回数名から十名程度が集まり、土曜日の午後2時間ばかり話し込んだ。当初は共に授業研究をした仲間が核になったが、口コミなどで参加者の輪も広がっていった。結局、２０１８年3月まで、毎月、計41回実施した。参加者は共に学ぶ仲間としてだけではなく、山田小学校研究会の助言者や協力者として、ともに研究を進める仲間にもなった。

この会は、退職後も年に数回の割合で続いており、情報交換や学びの交流、さらには各所属校の校内研修への参加など、活動が広がっており、参加者もさらに増えている。

以下、「又新の会」の資料である。（対象により敬体・常体が混ざる。）

1．何を選び取るか（最後の又新の会）

〈何を選び取るか〉

人生には、必ず分岐点があります。教育にも、分岐点があります。

人生の岐路、という大きなものでなくても、ほんの些細なことは、それこそ日常に無数にあります。そこで、何を選ぶのか。本当は小さい分岐の方が大きな意味を持つことがあります。一見、どちらでも良いようなこと。例えば、終業式の日に、ランドセルで登校させるか、手提げで登校させるか……どちらでも良さそうなことです。実際、どちらでも構わないことです。でも、自分ならどちらを選ぶか。そこに価値観が表れます。そういう無数の分かれ道のどれかを選びながら、今の自分があるわけです。もちろん、自分の意志通りにいかないこともあるでしょう。世話係や管理職の意向も感じてきたことでしょう。その意向に従うか、反するか、内面はともかくとしてとりあえず追従するか、なるほどと納得するか……ほら、すぐに次の分岐が現れます。ともかく、そういう道を歩いて、私たちは今、ここにいるわけです。自分の価値観に加えて、こういう道程が、今の自分を創り上げているのです。ただ選び取るのは、今の自分です。違う道を選び取ることができるのも、今の自分をおいて他にはありません。

私は、いつからか選び取る基準を「本質的なもの」「根源的なもの」と定めてきたように思います。そして、選ぶ価値のあるもの、選ぶ価値のないもの、と分けていたように思います。選ぶ価値がないと感じたら、たとえそれが自分の想いにそぐわなくても追随してきたように思います。そして、選ぶ価値があると感じ、それが周りとそぐわない時は、戦ってきたように思います。声を大きくするのではなく、どんなことがあっても自分の想いを遂げられるように、あらゆる道を探り、手段を探ってきたように思います。

これは、教育の世界では必ずしも賢い道ではないと考えています。現実の教育の世界では、必ずしもそういう価値観が求められていないからです。苦しい道ではなく、安易な道が歓迎される風潮すら感じられます。でも、本当の教育の世界は違います。私が出会った本物の教育者は、必ずそういうものを求めています。そして出会ったときに、それが分かります。教育の世界には、偽者、肩書だけの人物が大手を振っていることがよくあります。（もちろん、教育の世界だけではありませんが）でも、本当にすばらしい教育者もいます。

自分は、どちらを選ぶかです。それは大きな分岐点ではなく、本当に些細な分岐点でこそ、普段から試されているのです。

〈何を磨くか〉

日常、ありふれた中で、選び取ろうとすれば、そこにはかなりの「直観力」が必要になります。一つひとつを深く考えて選ぶのではなく、瞬時に善いもの、正しいもの、価値あるものを選ばなければなりません。何よりも、それを子どもが見ています。少なくとも、判断に迷い、おろおろする姿を子どもは求めていないのです。

そのために、何よりも必要なのは感性です。これを磨くことは容易ではありません。感性は決してマニュアル化することはできません。逆に言えば、マニュアル化できるようなことなどに、子どもは本当に心酔することはないのです。子どもはもっと利口です。マニュアルの上にあぐらをかくような教師は、必ず見破られます。覚えておいてほしいのは、感性を磨こうと努力している教師の姿勢も、子どもは見抜いているのです。たとえ、不器用であれ（こういう方向を目指す教師には不器用が多い）、子どもにとっては魅力的なのです。

感性を磨くためには、充分な時間を持つことです。業務改善が叫ばれている、ということは、今までは在校時間が多い教師が重宝がられてきたということになります。私は、比較的早く帰宅する方だったと思います。休日の出勤も少なかった。しかし、そこで本を読みました。物を書きました。旅行に行きました。映画を見ました。絵を描きました。明日の教材準備をする、いわゆる熱心な先生は多いです。だが、10年後のために、自分を磨く教師は少ないのです。いわゆる業務改善は学校にいる時間を減らそうという呼びかけです。我々は、教師です。生涯を教育にかける覚悟が必要です。小手先のことではなく、大きく前を見て、自分を、自分の感性を磨くように努めるべきなのです。

自分を振り返る力です。自分が、どの方向を向いているのか、自分が、今、何を目指しているのか、これを見極める眼力を持たなければなりません。残念ながら、目はすぐに濁ります。心地よければ、そこに安住しがちになります。気持ちの良い声に、耳をすましたくなります。あたたかい方向へ、足を運びがちになります。それが、本当の道なのか、正しい道なのか、それを見極める力を持たなければならないのです。

私は、又新の会を開くことで、逆に自分の立ち位置を考えることができました。

〈授　業〉

「授業には、型がある」「はじめの5分と切返し」

私が伝えたかったのは、授業とは、対峙し、追い込むことだということだったと思います。既述の言葉は、追い込むための手段とも言えます。その前提には、子どもを心の底からリスペクト（尊敬）し、その力と可能性は無限であることを信じられることなのです。そういう教師の姿勢なのです。子どもだからこれぐらいとか、あの子たちなら……とか、というふうに考えたことは一度もありません。

思考の流れを読む、思考の流れを生み出す、つまり、流れとして授業を意識できるか、ということが肝要なのです。山田で「相互介入」を提案しました。介入と参観は違います。後で意見を言う立場には、主体性がありません。ただ一言で、学級全員の考えを焦点化し、自分の発問のもとに、引き寄せる。それは、授業者にとって、何よりの修練になります。相手に対して失礼、という空気があるなら、そこは修練の場ではないのです。流れを徹底的に読み、一番効果的なタイミングで、短く、言葉を発する。それは、授業は流れであるということを肌で感じとることになり、自分自身で悠長な授業をするよりも、一層効果的なのです。集中力が研ぎ澄まされます。

あるいは、もっぱら感動することです。子ども一人ひとりの言葉に、いやむしろ子ども一人ひとりの目の輝きに、です。受け手である教師が、心の底から感動すれば、子どもに高い価値観が生まれます。なまはんかな相槌がどれだけ無用で、退廃した空気を生むか、経験者なら実感していることでしょう。しかも、経験者は、それを繰り返します。集中と感動の持てない者には、活きた授業は不可能なのです。

だから、流れを意識した授業を行うことです。こうなれば、当然こうだろう、そしてこうなるだろう……4分節の授業の仕組みは理にかなっています。まず、理論に従った授業を組み立て、そこに感性で手を加えてゆくのです。まず、形をきちんとした楷書の授業を若いうちに行うべきなのです。

〈人間理解〉

自分の価値観で、人をはかっていないでしょうか。

教師だから、正しい価値観を教えないと……

こういう姿勢の教師には、人間理解は不可能です。

まず、完全な人間という者が、この世に存在するのでしょうか。教えてやろう、というスタンスを本当に保てる人が、この世界に存在するのでしょうか。

教わろうとすることです。興味を持つことです。

どうしてだろう、なぜなんだろう……

正解は得られずとも、こういう姿勢は必ず相手に届きます。

子どもに学ぶ。他人に学ぶ。

そのことによって、新たな自分を見つけることなのです。

不登校……。問題です。

ところが、実は問題ではないのです。問題なのは、学校という体制にとって……なのです。不登校は、状態です。学校に行くことも状態なら、学校に行かないことも状態です。物事の裏表なのです。教師は、主に片面からしか、物事を見ません。そして、そこに価値を植え付けます。行くことが善であり、行かないことが悪になります。重要なのは、教師自身が「自分が片面しか見ていないことに気づく」ことなのです。そういう気づきを持てた教師には、子どもは心を開きます。教師自身が成長したのです。器が広がったのです。

しかし、敵がいます。それは多くの場合、周りにいる同僚や上司なのです。かわいそう、大変ね、という言葉とともに、共感の意を示す。飲みに行こう、という行動に出る者もいます。せっかく、教師が一人になり、一人で悩む子どもに共感する立ち位置を得たのに、仲間という合言葉で、子どもとの亀裂を増長するのです。

教師は一人になる覚悟を持たなければなりません。しかし、本当は一人ではないのです。子どもに学び、保護者に学び、学ぶ相手は多数いるのです。そこに、目を向けることです。思い出してください。教師は子どもに出会おうと思って、教職を目指したはずです。職員仲間で仲良くなることを目指して、教員試験を受けたのでしょうか。見るべき対象は、子どもなのです。

そこから、どれだけのことが学べるか。子どもから学ぼうとする教師は、必ずいます。自分がこうした志向性を持てば、そういう真の仲間に必ず出会うのです。

2．「学びへの志向性」を伝えるということ

〈はじめに　～100冊の本～〉

特別支援学校に勤務していた時、先輩から「特別支援教育について分かりたかったら、黙って関連する本を100冊読め。」と言われた。ある時には「教育で一番大切なことは、教育哲学を持つことだ。」と言われた。戸惑いの中で本を手に取り、なじみのない哲学という言葉に漠然とした憧れを持った。教師として初めての職場であり、職員室では、こういうことが飛び交っていると思っていた。

小学校に転勤し、初めての授業研究に臨むとき、校長から「子どもの背中に回り込む。」「授業には品がある。」という助言を受けた。とりあえず、指導案を完成させようと躍起になっていた自分にとって、この言葉は遠く空を切るように聞こえた。しかし、初めての小学校であり、教育の世界では具体的なアドバイスではなく、こういう目標が手渡されるのかと感じていた。

しかし、その後、歴任を重ねる中で、こういう経験に出会うことはほとんどなかった。何かに迷うと、「こうしてみたら。」という具体的なアドバイスが与えられることがほとんどだった。もちろん、そこに悪意はなく、善意から差し伸べられる言葉だった。でも、そこに何か違和感を覚えていた。かつて経験したものと、本質的に違う何か。

今、思い起こしてみると、それは「学びへの志向性」ではなかったかと思う。大きな方向性を指し示し、後は自分自身で探ること。明日の手立てではなく、教育の根本則に向き合いなさい、という方向性。手渡すことで、自分一人で放り出される感覚。手渡すことは、手放すことなのである。だから、そこからは自分自身で学ばなければならない。そういう姿勢こそ、伝えられたのである。

今、ＯＪＴが叫ばれ、教育の世界で職場内での指導が重要視されている。どの職場でもＯＪＴの方法が工夫されたり、推進委員会が設置されたりして、職場での教育や指導が実践されている。しかし、こういう場では明日に役立つ手立てや方法は指導されるものの、教育の本質につながるものはない。与えられた者は受身になり、主体的に教育をとらえる目は育たない。学びを欲する子どもの前に立ち、主体的に学ぶ子どもを育てるには、教師自身が、学びへの志向性を持つべきではなかろうか。

〈なぜ「学びへの志向性」が途絶えたのか〉

今、教育の世界から「学びへの志向性」は薄れつつあるように感じる。それは、手放すことをしないからだ。手立てを求められると、形として与えることが基本になりつつある。ペアトーク、グループトーク、めあてと振り返りなど、授業の形が決められてゆく。そこに教師の主体性はなくなってゆく。教師自身が考えることを放棄し、覚えることへと比重が移っている。学びへの志向性を失った教師に、学びに主体的に取り組む子どもが育てられるだろうか。かつては求めても、先輩は容易に与えることはなかった。だから、より真摯に学ぼうとする姿勢が生まれ、そこに一種の徒弟制度のような緊張感があった。与えないことによって、「学びの志向性」を与えていたのである。教育の本質を伝えようとする気概と、教育の本質を求めようとする鋭い嗅覚がしのぎあう世界が存在していた。

いつ頃からだろうか。職員室の中で、経験値の差が絶対的なものではなくなってきた。ベテランと言われる教師の学級が崩壊し、自信を持って学級経営を進めていたクラスが崩れていった。ベテランは我が身に危惧を抱き、その言葉に自信を失った。後輩に語る言葉にも差しさわりのないものが選ばれ、やがて職員室で交わされる言葉は、間違いのないこと、当たり障りのないことが基準になり、それが職員室の文化として定着していった。本質的なことに触れようとする土壌はなくなった。徒弟制度は崩れていったのである。

教育の多忙化が叫ばれる。多忙化のもたらしたものは何か。それは、「選び取る。」という視点が薄れてきていることではなかろうか。取り組むべき課題が並列化され、眼前に迫るものから取り組んでゆく。これは至極当然なことであり、事象の緊急性からしても、当然の手法になる。しかし、そこには課題の価値観を計ろうとする土壌はない。教育の本質的なことと、事務的な処理が同じ価値観でとらえられてゆく。対応に追われる中で物事が並列化されてゆき、価値観そのものすら、その存在感が揺らいできている。

今、100冊本を読め、と言っても、誰も本を手に取りはしないだろう。

〈「学びへの志向性」を受け取る〉

では、今の教育において「学びへの志向性」は存在しないのだろうか。

現任校で、授業検討を行った。自分で授業を創るときもそうだが、他者に伝えるとなると、もどかしい思いにかられることがある。「こう、したら」と助言する。ところが、実は「こう」には、さほど意味はない。なぜ、「こう」するのか。「こう」の根本にある、根源こそ伝えたいのである。だから「そうですね。」と受けられると、つらい。

ある授業者と、対峙した。彼女は「なぜですか。」と受けた。私は戸惑った。言葉が出てこないのである。根本にあるものを、「こう」という具象につなぐ言葉が見えないのである。私自身、そこに彼女の「学びへの志向性」を想定しておらず、ただ与えようとしていたのである。

しかし、私自身、かつて「こう、したら」に対し、やはり「なぜ」という疑問を持った。自分自身に照らし、自分自身が本当に納得できるかどうかを確かめていた。受ける者ではなく、求める者だったのである。彼女も、そうだった。上辺だけの説明を、決して良しとしなかった。私は必死に言葉を重ね、言葉を絞り出した。私は、彼女によって啓かれたのである。彼女の想いに、私は揺さぶられたのである。彼女は本質を求め、私は本質を引き出されたのである。

一度納得すると、そこからは言葉すら不要になった。当初その授業に対して持っていた構図をはるかに凌駕する授業に組みあがっていった。共鳴は結果を別次元へと高めてゆく。

授業もすごいものになった。穏やかな口調の中に、凛とした心地よい空気が張り詰めていた。言葉が響き合い、さらに高い質が生まれた。授業後の検討会が変わった。世辞や追従などは一切なく、参観者の心の底にある教育に対する想いが引き出された。そして、それが戦わされていった。彼女の授業は、参観者の根底まで揺さぶったのである。手渡し、手放すことによって、「学びへの志向性」は伝わり、それが担任する子どもだけでなく、周りにまで響き合ったのである。

ある授業を見た。授業者は学級経営がうまく、子どもも積極的な授業だった。1時間が上手く流れ、参観していた誰も、その授業を讃えていた。途中の少し澱んだ部分も、授業とはそういうものだ、授業は生き物だから、という感想が続いた。子どもの発言が重なり、一見活気のある授業に終始した。ただ私は、その澱みに、授業者の迷いを感じた。子どもが、授業の中心課題にまっすぐに向き合っていないのである。

私は授業者に手紙を書いた。それは、授業者が学級経営に長けているからこそ、授業の筋道が見えなくなってきているのではないか。教師として、次に進むべき方向に迷いを覚えているのではないか、ということである。子どもの扱いに慣れ、学級経営に熟練してきたから、いつもそこそこの授業を見せることができる。実績が伴うにつれ、参観者からもそれなりの評価を受けることができるようになっている。だから、自分の迷いにふたをして授業を続けているが、実はそこに深い迷いがあるのではないか。すぐに返事が来た。授業者の悩みは、まさにそこにあったのである。日々の教育活動をそつなく行い、周りからも尊敬を集める教師でさえも、本質的な悩みを抱えていたのである。

彼は、かつて学級経営において注目された存在であり、大きな研究会でもその実践が取り上げられたこともあるという。しかし、注目されればされるほど、失敗ができなくなり、手堅く、ということが彼を縛り始めた。学び始めたときには、彼自身「学びへの志向性」を自覚していたのだが、存在感を増すにつれ、「学びへの志向性」を維持することができなくなった。彼は悩んでいた。彼は「学びへの志向性」を、今こそ求めていたのである。

一方、こんなことがあった。ある指導案の検討会である。授業を2か月後に控えた授業者は、指導案をほぼ完成させて検討会に臨んでいた。そして、自分自身で解消できない部分を検討会に参加した人に問いかけた。例えば、資料をいつ提示するかなどについてである。一見、望ましい態度であり、ほぼ完成している指導案を見て、そこに授業者の意気込みすら感じた。

しかし、検討会が進むにつれ、授業者の意外な側面を見ることになった。子どもたちの思考の流れを考えると、資料は授業の後半に提示するのが望ましいという結論になっていった。すると、授業者は困った顔をするようになった。彼が今まで習ってきた指導案の形にそぐわないのである。彼は、子どもの思考の流れについては納得していた。しかし、それでは今まで教えられ蓄積してきた形に合わないことになってくる。形が、彼を縛っているように見受けられた。

彼は、良心的な授業者である。授業について真剣にとらえ、自分から学ぼうとし、学ぶ機会さえあれば、自ら手を挙げて取り組んできている。そして、授業とは、こうあるべきという形を手に入れてきている。彼は決して子どものことを考えていないのではない。彼の根拠は、こういう授業の形式をとれば、必ずそこに子どもの思考は確保されているはずだということである。なぜなら、この形式は多くの人で検討され、実践されてきた形だから、ということである。

彼は、根拠を他人に預け、自ら問うことをしていない。しかもそれをごく当然のこととらえている。子どもを深い思考に導く喜びよりも、規定された授業の形式を踏むことが、授業のあるべき姿だととらえている。自ら問う、姿勢ではなく、「他人預け」なのである。彼は自分自身の「学びへの志向性」の存在に気づいていない。本質的なものは他人に預ける、ということを学んできているのである。こうした姿勢は、彼に限らず、今、増えてきている。しかも、良心的な教師に、こういう傾向が顕著に見られる。

「学びへの志向性」を持つかどうかの境界は、自分自身に問うかどうかということではなかろうか。努力する、熱心であるということは、関係しない。視線の先に自分があるか、（他人が作った）形があるかということである。形を求めるということは、根底を他人にゆだねることになる。本質を「他人預け」にすると、模倣はできるが創造は生まれない。模倣を重ねることは、自分を失うことになる。だから、常に自分に問う、自分に語り掛けるという姿勢があってこそ、学びへの志向性が芽吹くのである。

〈「学びの志向性」を示す　～背中で語る～〉

「学びの志向性」を示す言葉は、「分かりにくい言葉」になることが多い。その場では咀嚼できず、何度も何度も味わう中で、その意味に気づくことになる。当然である。明日に活きる言葉ではなく、将来に向けた大きな方向性であり、自分自身で学んでいく中でようやく見えてくるものなのである。そこには伝える相手が必ず自分自身で学び取ろうとするように成長するに違いないという絶対的な信頼があった。今、「分かりにくい言葉」は、なかなか通じない。求められているのは「分かりやすい言葉」であり、「今すぐ使えるもの」である。

大きな方向性を思い描くことができるだろうか。教育に持ち込まれる機器などが、日々進歩し、それらの導入により、教育の形が変わってゆく。時によっては、教育の経験値の少ない者の方が、機器の操作に慣れており、立場が逆転することもしばしばである。そうした積み重ねが、視点を変えてゆき、見るべきものを見なくなる。自分と対話するのではなく、眼前のことへの対応に追われている。不易と流行。時代が移ろうとも、教育には不変の根底がある。その根底を見つめる視線を持ち続けること。それが大きな方向性につながるのではないだろうか。

中堅教員と言われた年ごろに、同年配の同僚と話したことがある。「若手に対し、真正面から向き合い、自分の蓄積したものを伝えるのも、大切な仕事だと思う。」と彼は話した。私は真正面ではなく「背中で語る教師になりたい。」と言った。向き合って確実に手渡すのではなく、言葉を使わず、与えずに伝わるものにこそ、意味がある。どの方向に向かい、何を見ているのか、を自分で判断し、受け取ってゆく。そういう伝え方こそ、「学びへの志向性」を生み出すのではないだろうか。

〈「学びへの志向性」を目指す新しい関係の構築　～徒弟制度から響き合う関係へ～〉

「学びへの志向性」に必須の条件は、自分との対話である。自分と対話することが無ければ、本質的なものに迫ることができない。そして、自分自身で吟味することである。他者に預けるのではなく、自分自身が納得できるのか、自分に問いかける姿勢である。これからも多忙化する教育の世界で、100冊の本の話は昔話にこそなるだろうが、自分に向き合おうとする教師は、意外に多いのではなかろうか。ただ形式の伝達が先行しがちな現状では、本質的なことで悩む素振りを見せることすら難しい。ましてや、かつての徒弟制度が復活するのも困難である。

「学びへの志向性」を生み出すには、新しい関係を構築しなければならない。それは「響き合う関係」である。かつての手渡す、受け取るという関係ではなく、お互いに響き合う関係の構築である。

今、月に一度「又新の会」を主宰している。少人数ながら、教育について語る会だ。ここでは、具体的な手立ては話さない。児童理解、授業の構造など、教育の根幹についての話に終始する。休日を割いての集いにもかかわらず、もう30回を超える。各人がここで考えたこと、感じたことを持ち帰り、自分自身の実践の礎を築くことがねらいである。参加者は、「自分の根っこに気づいた。」と言う。明日を見るのではなく、自分の根幹に立ち戻り、自分自身の方向性を見つけてゆく。主宰しながら、実は、私自身が彼らから学んでいる。

かつて「学びへの志向性」は手放され、一人に追いやられる経験から始まり、そこで自分自身で学ぶことを覚えた。言い方を変えれば、「学びへの志向性」の始まりは「他人預け」だったのである。しかし、これからは自分に問い、発信し、互いに響き合う関係の構築が必要になる。経験の多寡ではなく、手渡し、受け取るものでもなく、互いに認め合い、尊重し、学び合おうとする関係を構築しなければならない。こうした響き合う関係を構築してこそ、はじめて「学びへの志向性」は、現在の教育の世界に輝くのである。

3. 問題解決学習について

〈幼稚園に芽吹く問題解決学習〉

幼稚園にかかわって何よりも驚いたことは、目の前で小学校教育が目指す「問題解決学習」が行われている、ということだった。新学習指導要領が目指す「主体的で、対話的で、深い学び」という目標に向かい、ただ、ペアトークやグループトークという形をなぞる形式的な学習ではなく、子どもが全霊をかけて問題に立ち向かう姿が、そこに見られたのである。口々に問題を自分たち自身で語り、相手に反応し、激高し、静まり、ぽつりぽつりと語り、提案があり、やってみようという試しがあり、やがて自分たちの手で問題を解決していく。そして各自が納得し、遊びの世界に戻ってゆく。これは、まさに理想の問題解決学習ではないか。教師は黙って、真剣に聞いている。ほんのたまに、話し合いの整理に口を出す。話し合えとも言わず、もちろんグループ分けを指示して話し合わせることなど、皆無である。話したいから話す。想いがあるから話す。考える。こういう当然の姿が、幼稚園にはある。まさに、小学校が目指す問題解決学習、そのものである。

〈問題解決学習と問題解決的な学習〉

かつて、私が「問題解決学習」という言葉を使ったとき、「問題解決的な学習」と訂正するように迫られたことがある。まさに、その通りである。私が目指すのは、問題解決学習であり、問題解決的な学習ではない。「そもそも問題解決学習は、単元学習の中における学習形態であり、教科学習を主とする小学校教育の中には、問題解決学習はありえない。だからもっと言葉にこだわるように。指導要領にも問題解決的な学習とある。」と助言された。まさしく、そうである。私がねらうのは問題解決学習をまねたような学習ではなく、問題解決学習そのものなのである。幼稚園の子どもが全身全霊をかけて、自分自身のために、そして自分たちのために、必死になっている、その姿なのである。そういう学びの姿なのである。子どもを本質の中に問うことであり、形式の中に押し込めることではない。

養護学校に勤務し、単元学習と教科学習の違いについて、何度も検討してきた。日本の教育の歴史の中でも教科学習と単元学習が、交互して指導要領に語られる。かつて信州が教育の原点のように語られ、スプートニックショックにより学力の向上に走り、そういう中で、常に教育は揺れ動いてきた。しかし、真剣にものを考え、自分自身で課題に向き合う学びの姿は、常に教育の目指すべき学びの姿である。真剣にものに向かう姿に、「的な」の表現は合致しない。

〈学びの根っこは、遊びの根っこ〉

目指す子どもの姿は、幼稚園も小学校も、何ら変わりはない。ここに、本当の幼小連携が成立する。

学びの根っこは、遊びの根っこ。

根っこが同一だからつながり、理解し合えるのである。小学校にはチャイムがある。幼稚園ではチャイムはならない。教室に机と椅子が並んでおり、幼稚園には並んでいない。違いはある。でも目指すべき、姿は、全く同じである。問題解決学習は、その学びの姿なのである。

幼稚園では、「遊び込む」という言葉が用いられる。これは、本当に名言だと思う。「遊ぶ」と「遊び込む」は、全く違う。また「遊び込む」に対応する「学び込む」という言葉を、小学校は持たない。それ以前に、「学習」と言い、「学ぶ」とすら言わない。

全身全霊をあげて、問題に取り組む姿。それを幼稚園では、遊び込む、と言い、小学校では学び込む、と言う。この全身全霊をあげた姿。そこに追い込む教育。ここは幼稚園も小学校も全く同一である。だから、根っこは同じ。

学びの根っこは、遊びの根っこ。

〈主体的とは〉

主体的な子どもを育てるなら、型にはめる授業の姿は不要である。対話的な姿を目指すのなら、話す形やスタイルではなく、話したいという想いや内容を充実させることである。深い学びを目指すなら、がやがやとしたざわつきではなく、静かな時間、そして自分自身に問いかける時間こそが必要になる。

ペアトーク、グループトークを取り入れた授業を見てきた。一斉授業から脱却し、子ども自らが活動する授業スタイル。確かに子どもたちは話している。主体的で、対話的では、ある。しかし、深い学びと言えようか。子どもたちの目の輝きが、そう語ってはいない。確かに活動的な学び、子どもたちが必死になって論議する授業は稀にはある。幼稚園の学びの姿は、まさにそうである。学校でも、稀にそういう授業に出会うことはある。ただ、そういう授業では、教師が「では、隣の人と話してみましょう。」とは言わない。話す必然性があるから、子どもたちが自発的に話し始めている。形を追う授業に、深い学びは、ない。

〈学びを信じる力〉

子どもは、誰でも学ぶことを望んでいる。

このことが信じられるだろうか。

何年生だから、これぐらいだ。子どもには難しい。良心的な意味で、こういう言葉がよく使われる。また、クラスの中で、この子には難しいだろう。これも良心的な配慮に聞こえる。

そう、だろうか。

教師にとって、一番大切な素養は「学びを信じる力」である。これは、優れた授業の積み重ねで初めて実感できる感覚である。簡単に言えば、どの子も学びたがっている、ということである。子どもの学びを信じなければ、そこに授業は成立しない。深い学びは、存在しない。これを感じることができなければ、そこに展開するのは、形を追うだけの浅い学びである。

子どもを信頼し、リスペクトしうる教育を目指さなければならない。

子どもは誰も学びたがっている。私は、これを「学びの性善説」と呼ぶ。

深い学びを目指す教師にとって、何よりも大切なのは「学びを信じる力」である。


〈形としての教育〉

今、新しい指導要領の登場に、教育現場はその導入に混乱している。授業の質ではなく、授業のスタイルを真似ることにやっきになっている。子どもが話せば合格であり、子どもの声の無い授業は、否定される。子どもが話す授業は、子どもが主体的であり、対話的であり、何よりも楽しそうではないか。少し待ってほしい。新しい指導要領で求められるのは、楽しい学習ではなく、深い学びだったのではないか。

当初もてはやされた「アクティブラーニング」という言葉が「深い学び」という言葉に置き換えられた。語感もあるのだろう。あまりにも活動を重視するような感覚が広がってしまったからだろう。ペアトークやグループトークは、アクティブラーニングを達成するための手段であり、目的ではない。しかし、現場では「ペアトークやグループトークを行うこと」こそが、目的にすり変えられている。目的は、主体的で、対話的で、深い学びである。

〈主体的で、対話的な、深い学び〉

新指導要領の柱である。

これを3本の柱ととらえて、果たして正しいのだろうか。指導要領の説明会では、この3要素が並立するかのように語られる。図示される。だから、教師はこの言葉を「主体的・対話的・深い学び」と読む。「で、」「な、」は、どこに行ったのだろう。

普通、この文言をつかもうとするなら、「主体的で」は「深い学び」にかかると考えるであろう。「対話的な」も「深い学び」にかかるであろう。つまり、この文言が目指すゴールは「深い学び」そのもののはずである。社会の国際化が進み、日本も外国と伍していく必要がある。そのためには、日本の長所としてとらえられてきた「謙虚さ」だけではなく、より主体的にかかわる姿。内に秘めるだけでなく表現し、相手とコミュニケーションする対話的な姿。こういうものが求められる時代になる。だからこそ、こういう姿勢を大切にしながら、何よりも求められるのは「深い学び」ということになる。

〈深い学び〉

指導要領の改訂は、ほぼ10年を周期に行われてきている。その中で、さまざまな変遷がなされてきた。紆余曲折があった。しかし、日本の教育が常に変わらず目指し、これからも目指すであろう方向は、深い学びであろう。不易と流行。社会が変わり、教育環境が変わり、新しいものに対応する必然性はある。しかし、その中で変わらないものがある。そこを見極めなければならない。主体的な子どもの育成を教師が目指すのなら、まず教師自身が教育に対し、主体的でなければならない。受け身な教師の下では、受け身な子どもにしか育たない。

一見、子どもが楽しそうに活動している教育や保育を見受けることがある。もちろん、教師主導なのだが、子どもは誰もが楽しそうに活動しており、全員が手を挙げて応えようとしている。こういう場面に遭遇すると、これも良いのではないか、と相槌を打ちそうになる。しかし、子どもは本当に深い学びを得ているのだろうか。

一見、楽しそうな場面では、教師が子どもに分かること（できること）しか、求めていないのである。子どもは、分かる（できる）から、手を挙げ、うれしそうな表情をする。だから、楽しいのである。できることが、うれしいのである。そこに創造はない。反復となぞりである。教師も、そこまでしか求めていない。次のステップは、また別な場面ですり込めば良いのである。だから、楽しそうなのである。教師は求めず、子どもも追わない。

昔、「思考に追い込む」という言葉を、先輩から聞いた。深い思考に追い込む。それが学びである。追い込まれた子どもには、即答はない。あるのは、沈黙である。沈黙は、主体的活動ではないのか。沈黙を主体的、ととらえられないのは、実は教師である。そして、参観者である。深い思考に追い込まれた子どもの瞳と、分かること、できることを求められて、楽しそうな子どもの瞳を比べてみると良い。今、そして新指導要領に求められているのは、浅い学びではなく、深い学びである。主体的に見えて、対話的に見える、浅い学び、ではないのだ。

問題解決学習は、深い学びを目指す学びである。子ども自身がその課題に自ら、全霊をかけて立ち向かおうとし、必死にページをめくって調べ、悩み、議論し、くつがえされ、悩み、解決にたどりつく過程である。安易な、容易な、解決を用いるべきものではない。45分の授業の前と後では、子ども一人ひとりが変容している。それが、授業であり、問題解決学習の目指す姿に他ならない。

4．板書から見えること

最近、黒板から子どもの字が消えてきたように思います。

昔は、板書には必ずどこかに子どもの字が無ければいけないと言われてきました。一度、書いたものは消してはいけない、と教わりました。

電子黒板が普及し、子どもが書くものの、すぐに消される、あるいは消すことができることが、そのメリットの一つになってきています。

何かが変わり始めています。

横書きのせいか、国語以外の教科は黒板の左端から右に、時系列で書かれてゆきます。だから中心を目立たせるために、カラフルな色が登場します。もっとも、このことには視覚的な観点から批判も出てきています。でも、それは「授業としてのとらえ」ではなく、特別支援への配慮から言われます。

まず「めあてを書け」と言われます。そして、いくつか意見を言わせ、調べさせ、となりと話させ、班で話させ、発表したものを教師が都合よく黒板に整理し、色で囲って、本時のまとめとし、その囲みからはみ出ないように振り返りを書くことで授業は終結します。

教師は、授業の流し方のマニュアルを手にし、子どもたちは、はみ出ることをしない学び方を学びます。

ホワイトボードに考えを書きます。黒板に書くより、ずっと時間が短縮でき、黒板のどこにでも自由に貼ることができます。そして、何より動かすことができます。

しかし、子どもがチョークを持った時の緊張感は失われています。誰かが黒板にチョークで書くとき、ほかの子どもも緊張感をもって黒板を見つめています。見ながら考えています。自分の考えと比べたり、新たな発見をしたりしています。教室のあちこちで同一時間にマジックでホワイトボードに書いているのは、誰も見ません。

黒板に貼ったボードは動かせます。だから、個々の考えを矢印で結ぶことはありません。考え方の相関関係が見えないのです。ボードの大きさは均一です。字の大きさは違っても考えを表現するスペースは、同一です。個性がうまれません。

黒板には、教師が主導する授業の構図が描かれているのかもしれません。

板書からは、これからの教育の方向や、これまでの授業が大切にしてきたものを改めて見つけることができそうに思います。

〈板書とは〉

板書とは、何なのでしょう。

そのことを考える手立てとして、次のことを考えてみましょう。

それは「板書を写す」ということです。子どもたちに黒板に書いていることをノートに書かせることです。授業に関して「写す」という言葉が使われるのも、この時ぐらいです。子どもが主体である授業を目指す中で、そっくりそのまま「写す」という、受動的な言葉が使われるのも、不思議なものです。これは、「まなぶ（学ぶ）」という言葉が「まねぶ（真似ぶ）」から派生しているからかもしれません。寺子屋では、確かに先生をまねたり、書物を暗記したりすることに力が注がれたものです。

つまり、黒板を写す授業というのは、子どもではなく教師が中心の授業である証なのです。子どもたち自身の字が躍る黒板を写すことができるでしょうか。だから、子どもではなく、教師だけが黒板を飾るようになってきたのです。最初に黒板に教師がめあてを書きます。子どもは黙ってそれをノートに写します。これを習慣化していこうとしています。

授業の初めにこの構図が繰り返されます。

板書とは、何なのでしょうか。

それは、子どもたちの思考の跡付けです。

子どもたちが、本時の課題（めあて、ではない）をどうとらえ、どう取り組み、どう話し合い、どう結論付けたか、を雄弁に語るものこそ、板書なのです。ノートに写すための、お手本ではなく、今、現に自分がどう考えればよいのか、今までの経緯を参考に、今、の自分の思考を確かめ、育てる、手掛かりこそ、板書なのです。

〈どういう板書が望ましいのか〉

その時間の中心課題は、黒板の真ん中にあるべきです。

中心資料は、黒板の真ん中にあるべきです。

教室の横幅は、約７ｍあります。黒板は、約５ｍあります。

最近、板書が左から右に流れるように書かれることが多いです。問題解決学習を目指すなら、子どもたちがその時間に解決すべき課題をつかまなければならないし、できるだけ早くつかまなければならないので、当然中心課題に関する資料は、左端に掲示されるようになります。そして、そこから時間の経緯に沿って、右へと進みます。確かに、ある意味子どもたちの思考の流れに沿った板書のスタイルのように思えます。

　しかし、思考とは時間の流れに沿って展開するものでしょうか。今、そこで話されていることを眼前にしながら、だからどうなるのだろうとか、あれ、これはもともとどうなっていたのかな、とか、現在を足場に先のこと、過去のこと、を自由に飛びめぐることが、当然あるはずです。板書を流れに沿って書くというのは、子どもの思考を時間軸で縛るということにもつながります。目指すべき板書というのは、もっと自由でしなやかなものでなければならないのです。

　また、授業の流れに沿って書く、のは指導案とも一致するので、有効だという考えがあります。そうでしょうか。どの教師も、指導案の授業の時間の流れに沿って、板書計画をたてるなら、そこに考える必要はなくなります。板書がマニュアル化されていきます。どこに行っても、どの先生の授業を見ても、同じようなスタイルの板書……こういう素地の上で組み立てられる授業に、子どもが心躍るでしょうか。授業は創造的でなければなりません。そこに授業の魅力があります。

　中心を成すものは、中心に置くのが自然です。

　それを横に置くのなら、そこには授業者自身の意図がなければなりません。

〈水墨画的板書と油絵的板書〉

ある授業で、先生は一切指名せず、すべて子どもの発言だけで進む、という授業がありました。先生は、黒板に子どもの発言をすべて書き写したり、あるいはノートに書き込んだりしています。

また、ある授業では、子どもの発言をすべてとらえ、これはという考えはカラフルな色で囲み、黒板がいっぱいになって、授業が終わります。こんなに活気のある授業だったかなという疑問とは裏腹に、黒板はさも活気のある授業であったかのように残っています。

授業後の検討会では、こうした板書をカメラで撮り、それが配られて検討が行われます。そこには、授業がどうだったかではなく、先生の「つもり」が現れます。検討会では、先生はこういうふうに考えていたんですね、という擁護の声が聴かれます。

すべてを書く、指導案に従って書く、というのは、教師自身がそこで子どもの発言の根底や意味をつかみとろうとする姿勢を放棄しているのです。「書くために、聞く」のであって、子どもたちの思考の流れや発展、揺れ、という、授業にとって最も根幹にかかわることを、子どもとともに真剣にとらえていこうとしていないのです。

子どもの発言をすべて書く、というのは公平な姿のように思います。でも、それは違います。教師は常に何を書き、何を捨てるかを、取捨選択しなければならないのです。だから、教師自身も真剣な姿勢になります。しかも、その選び取った考えを、どこにどう書くかを、常に考えなければならないのです。そこには、緊張感が必要です。

何を拾い、何を捨てるかを考え、それをどこにどう書こうかと考える板書と、すべてを拾い、時間の順で書く板書とでは、明らかに質が違います。黒板に書かれた量で、授業が決まるのではなく、大切なことは「質」なのです。

すべてをカラフルに書く板書と、選び、捨て、配置を考えた板書、では明らかに質が違います。前者は「油絵的板書」であり、後者は「水墨画的板書」になります。板書でめざすべきものは「水墨画的板書」です。

教師は、授業中も、常に真剣に考えることを放棄してはならないのです。

〈結ぶ、ということ（矢印の意味）〉

子どもの字が消えてきた、と書きました。

子どもが黒板に向かう時間を、（意識して）作ってみましょう。

その時に、書いている子どもを見ている子どもの姿に注目してみてください。きっと普段より、真剣に見つめています。すると教師自身が、どの子の考えを、どのあたりに書かせようという、意図が必要になります。（これが水墨画的板書、にもつながります）

書いたものを消さないのだから、黒板に書かれている内容どうしが関連することになります。それを矢印で結ぶのです。矢印で結ぶためには、隣同士とか近くに書かせないことです。ある時は黒板の端と端を結ぶことも有効です。するると、子どもには物を関連付けて考える姿勢が育ちます。現在出ている異なった考え、前に出ていた考えとの関連。

教師が子どもの考えをつなぎ、深めていくことで、子どもの思考の流れを重視した授業がうまれます。そして、子どもの価値観を育てます。

これが、子ども中心の授業です。

〈タイマー〉

黒板にタイマーを貼ること、やめませんか。

計算ドリルをさせるとき、「5分でやりましょう。」と声をかけます。そして、タイマーをセットします。時間が来たら、ピピピ……

でもね、教室には時計があります。先生の声で「始めましょう。」「時間です。」と言いませんか。子どもたちが真剣に取り組んでいる姿。もし全員が予定より早くできれば、そこで終わればいいし、もう少しなら、少し待つ……タイマーではできません。「自分の考えを何分で書きましょう。」ごめんなさい。私自身、時間で区切られて、考えをまとめることはできません。あっ、やりました。テストの時です。でも、授業はテストではないでしょう。タイマーで切る、これも公平な態度のようで、板書にすべて書く、ことと似ていませんか。子ども全体の空気を読む、ということを教師は捨てていませんか。タイマーが貼っている黒板からは、子ども主体の授業の匂いはしてきません。

5. こだわりと授業

〈教師のこだわり〉

教師にとって、こだわりは不可欠な要素である。

周りの言うことを素直に受け止める、ということは日本人の美徳の一つである。しかし、教師にとっては、必ずしも美徳とは言い切れない。なぜなら、子どもにとって、教師は語るべき存在だからである。教師が他者の言葉や考えを借りて話すなら、語るなら、取り組むなら、そこに子どもにとっての魅力はない。子どもは、その教師の人間性にひかれるからだ。「How To」を語る人がいる。「How To」を満載した本があり、雑誌がある。真剣な教師ほど、熱心な教師ほど、そういうものを手に取り、教材研究に励む。

しかし、全単元の発問、全単元の板書、を見て真似るというのは、そこに教師自身を捨てることにならないだろうか。そんなことはない、そういうものと自分を対比するのだ、先人に、周りに学ぶのだ……反論はあろうかと思う。

それでも、私はこだわりを持て、自分の独力でぶつかれ、と言いたい。それは、そうしてこそが、教師が、教材に、子どもに、対峙する姿勢だからである。先人が、周りの人が対峙した姿をなぞるのは、本当に対峙したことにはならない。そして、それが習慣化すると、そこに自分が見つからなくなる。

もしそんなことをしたら、自分とぶつかってくれる人を失う……大丈夫。真に力のある人は、教師の姿勢を見ている。なぞる人には、本当の言葉をかけない。対峙する姿勢を持つ人には真剣に向き合う。失敗することすら、その人自身にとって、大切なことと見ている。なぞる人には、それなりの言葉しかかけない。何を見るか。姿勢を見ているのである。

不器用でいい。失敗していい。こだわりを持て。

これが、教師の必須条件である。

〈こだわりと自己満足〉

あれは、あの先生のこだわりだろうか。それともただのわがまま（自己満足）だろうか。

確かに判断に迷うことがある。

基準は簡単である。

こだわりは、周りに感動を与える。自己満足は、与えない。

周囲にまで、広がるものが、こだわりである。

自己満足は、自己内で収束する。

こだわりは、たとえ失敗しようが、周りに影響を与える。

もちろん、当面する本人にとっては、こだわりであろうとも、自己満足であろうとも、自分自身で精いっぱいやっているのだから、判断は難しい。しかし、そこに広がりを感ずることができれば、それはこだわりであろう。


〈こだわり、からの拡がり〉

担任時代にやり残したと、常に悔いの残る部分があった。それは「大正デモクラシー」の授業だった。実は、一度、社会科研究会の授業で挑戦しようとしたことがあった。しかし、止められた。そんな重箱の隅をつつくようなところはやるべきではない。私は、その言葉に従った。そして、従った自分に悔いている。助言する立場になり、後輩が挑戦してくれた。大正デモクラシーは、民本主義とか農民組合とか、日本で初めて民主主義の萌芽が芽生えた時代である。賀川豊彦なども、まさにこの時代である。しかし、同時に治安維持法が施行された、いわば表裏一体の時代でもある。これは、戦後のバブル期を経た、現代に重なる時代であるとは言えまいか。ここを考えることは、これからの行く末を考えることにも通ずる。江戸時代、庶民の文化が花咲いた化政時代の後、幕末がやってくる。歴史は繰り返す。太平の後に、動乱の足音が潜むのである。

これに、ある後輩が挑戦してくれた。挑戦する過程には、さまざまな軋轢があった。私自身が感じたものと、同じ類のものである。私は後輩に「How To」は伝えていない。この時代に取り組む価値を話した。すると、彼はその価値を受け取ってくれた。これは、拡がりである。

私の総合的な学習のテーマは「食と命」である。栄養素としての食育ではなく、命につながる「食」（食べる、というよりも、食らう）がテーマである。そのために栽培にのめりこみ、毎週2時間の草抜きに取り組んだり、8000匹のミミズの飼育に取り組んだりした。教育課程上は、勤労奉仕的な活動ではあるが、授業時数の浪費ととらえられかねない。しかし、そこで子どもは豊かに育ち、そのことを描いた作文は、神戸市文集「はぐるま」の巻頭を飾った。拡がりである。

〈再び、こだわり〉

教師は、こだわりを持つべきである。
そのためには、こだわりを持つべく、自分自身を磨かなければならない。
それこそが、研修である。
この研修は、なぞる研修よりも、はるかに厳しい。
スタートラインが低く、目指すべき峰が見えないからである。
これさえやっておけば、ということはない。
だから、評価は、自分が教職を終えるときにしか持ちえない。
こだわりを持つ、というのは、その教師自身の生き方だからである。

6. 荒れを考える

「荒れ」は反抗であり、社会規範からはずれた行動である、ととらえるならば、何に対する反抗なのか。その目標が明確ならば、反社会的行動になり、目標が定かでなければ、非社会的行動ということになろうか。

たとえば、対教師反抗である。その反抗が、特定の教師に向かっておれば、その教師の言動、態度などに対する反抗であろう。それは、その子ども（達）とその教師の二者間における軋轢が要因である。もちろん、その矛先は、特定の教師（達）に向く。これは、明らかに反社会的犯行である。対象が明確であり、荒れも当面一方向に向けられる。

一方、対象が明確でない場合がある。突然切れて、周囲にやたらに手を出すというような行動である。この場合、周囲に危害が及んだり、静止に入った教師などに影響が及んだりすることになる。ここでは、二者間の因果関係はない。だから、次の手立てや方向が定かではない。これが、非社会的行動ということになる。

と、解説してみると、行動そのものは似通ってくるものの、そこに共通性はないように見える。


東井義男は、子どもの良いところも悪いところも全部認めることが子どもを認めることだ、と言っている。

この視点で見てみる。担任していて、この子は反社会的だから、非社会的だからと区別して対応できるだろうか。どういう子であれ、対応していかなければならないのである。つまり、自分自身が対応するのだと、腹をくくってみる。

すると、そこには反社会的行動をする子、非社会的行動をする子がいるだけになる。そこで、もっと視点を下げてみる。すると、そこにこの両面の子どもの共通性が見えてくる。それは、どちらも「自分を表現している。」ことなのである。平たく言えば、「私を分かってくれ」と叫んでいるのである。

「荒れ」は、多くの場合、徒党を組むことが多い。グループ化するのである。余計に手に余るのである。だから、よく私たちは「あいつら」とかいう表現でまとめてしまう。グループとして見てしまうのである。

ここが、違う。

それこそ、彼らが口々に言っているのは、「私を分かってくれ。」なのである。「私たち」ではない。個人として、理解してくれ、あるいは理解しようとしてくれ、なのである。「A君たち」ではなく、A君、B君、C君……なのである。彼らが徒党を組むのは、A、B、C……それぞれが、それぞれ個々を認め合い、そこに共通点があるからこそ、グループになるのである。彼らは互いに個人として理解しているである。反社会的行動は、それぞれの個々が置かれた立場を分かってくれ、非社会的行動は、そういう行動をとる自分の精神状態を分かってくれ、なのである。

個人として、分かろうとしてくれ……ここが共通点になり、ここに突破口が生まれる。

そして、不思議なことに、個として分かろうと努めると、教師側の間口が広がる。今まで、理解できなかったことに、理が見えるようになる。まず、寄り添うことだ。教師の自分の中にないものを「無い」と認識しきるのではなく、「そういうものがあるんだ」と感じてみることである。

児童理解は、自分理解である。

対教師反抗に陥るのは、そこに子どもが自分の受け皿を見つけられないのである。だから、反抗するより、他にないのである。もし、教師にそのかけらを見い出すことができたら、可能性を見い出すことができる。ましてや、この人は分かってくれると思うことができれば、そこに安住の場を見つけることができる。

しかし、それは容易ではない。

他の子どももいるのである。もし、反・非社会的行動に寄り添えば、他の子どもにはえこひいきに映ることもある。保護者からの批判も起きるだろう。自分自身の弱さも身に染みることになる。苦しみ、もがくことになる。

だから、腹をくくることが必要になる。

ただ、教師の器が拡がれば、それはどんな子どもも感じ取ることができる。そして、いつしか問題行動を凌駕していく。

寄り添い、拡げることだ。
「荒れ」に対する、根本的姿勢は、まさにそこにある。

7. 授業雑感・教育雑感

何かが、流れている。何かに、違和感が伴う。
授業の初めに見通しを持ち、終わりに振り返る。
子どもたちは、授業において活動し、すべての子どもが分かることを目指す。
一見、どこにも、誤りはない。
しかし、それが、授業なのだろうか。

すべての子どもは平等であり、大切にされなければならない。
子どもたちの活動を見通し、そこに適切な手立てを打つ。
至極、当然のことであり、そこに誤りはない。
しかし、それが、教育なのだろうか。

楽しい授業、楽しい学校……

かつて、障害児教育の人、福井達雨は「障害を無くすのではない。りっぱな障害者に育てるのだ。」と唱え、止揚学園を建てた。
東井義男は「良いところも、悪いところもすべて受け入れてこそ、その子どもを受け入れたことになる。」と叫んだ。

子どもが好きですか、と問われることはあるが、
子どもを愛しているか、と問われることはない。

子どもが好きな教師は多い。
子どもが好きな教師は、真面目に取り組む。
しかし、子どもが好きな教師は、真剣に授業に、真摯に教育に取り組むことはない。
真摯に取り組むのは、子どもを愛し、尊敬する教師のみだ。
好きと愛するの違いは、段階の違いではない。
方向性、ベクトルの違いだ。

形と本質の違いだ。

表面的に分かることを目指すのか、根底から探ることを目指すのか……


分かることより、大切なことがある。

つまずかないより、重要なことがある。

授業のねらいは、全員が分かることではない。

授業の成功は、全員がしゃべることではない。

見通しを持ち、ペアトーク、グループトークを行い、振り返りで「分かった。」と書くことではない。

この世の中には、真剣に取り組むべき価値あるものがあるということに気付き、分からずとも、全身全霊で、立ち向かい、
そういうすばらしいものが、この世には存在するのだということをつかみとることにこそ、真の価値がある。
なぜなら、学問というものは、人類のそういう果てしない知的好奇心の上に、累々と積み重ねられてきたものなのだ。

先が見えないからこそ、真摯に取り組むべき価値を感じ取ることができるのだ。
近視眼的に「分かる。」というゴールに慣れてしまうことは、人間の最も崇高で、人間の存在を高めた唯一の武器である、知的好奇心を枯渇させてしまうことになる。

授業の根幹は、学問なのだ。

不易と流行……

なぜ、不易なのか。
それは、そこに永遠があるからである。
それは、そこに根底があるからである。
教育は、根底に触れる崇高なものである。
授業は、根底を探る本質的なものである。
優しさは、人を育てない。

しかし、真の優しさは、人を成長させる。

子どもが好きな教師は、子どもを伸ばすことはできない。

子どもを教育することができるのは、
根底を見つめ、本質を求め、子どもを真に尊敬できる者だけである。
真の優しさを持ち、子どもを愛する教師だけである。

第3部　伝えること

～本質を包んで、届ける～

校園長だより「手紙」、そして……ゆっくり、ほどく

第1章　手　紙

1. ありがとう（最後の「手紙」）

何かが心にあふれ、こぼれ落ちそうになるときがあります。
誰かがそばにいて、甘くあたたかい想いになることがあります。

何気ないいつもの風景が、切り取った絵のように輝く瞬間があります。
まとわりつく春の風が、どこか懐かしくいとおしく思えるときがあります。

そんなとき、なぜか、
ありがとう……
という言葉が、心をついてきます。

誰か、特別な人に向かうのではなく、
何か、決まったものに向かうのでもなく、

ただ無性に、ありがとうという言葉が、
心をつき、口をついてきそうになります。

すべてのものに、感謝、
すべての人に、ありがとう……

そんな思いにかられます。

冷たかった風に、やわらかい香りがまざります。
固く閉ざしたつぼみが、いつのまにかふくらみ始めます。
春は、ありがとうが芽吹く季節なのかもしれません。

いつのまにか、時は過ぎます。
いつのまにか、季節はめぐります。

人はだれも、時は移らず、ずっと繰り返すように感じます。
しかし、秋の中で冬が、冬の中で春が、芽吹いているのです。
今年の中で来年が、過去の中で今が、今の中で未来が、芽吹いているのです。

その芽吹きを伝える言葉が、ありがとう、なのです。

人はその芽吹きを感じ、心にあふれるのかもしれません。
人はその芽吹きを感じ、甘い香りをかぎわけるのかもしれません。
そして、ありがとう、という言葉がこぼれるのかもしれません。

山田の郷にも、かすみたつ朝がやってきました。
あたたかく、どこか甘い香りがまざっています。
冷たい冬が過ぎ、春があたたかい風を運んできます。

やわらかく色づいた山の姿に、ありがとう、という想いがこぼれます。

坂道を上って来るあなた方の姿に、ありがとう、という想いがあふれます。

毎朝、ながめる三重塔に、流れる川面に、
階上から聞こえてくる歌声に、運動場に響く歓声に、
ノートを走る鉛筆の音に、階段をかけあがる足音に、
ありがとう、を届けたくなります。

時はめぐり、春が訪れます。
ありがとう、の想いが心からあふれます。

春は、ありがとうが芽吹く季節なのかもしれません。

2. 宝さがし（山田の最初の「手紙」）

緑の風に誘われて、六条八幡に行きました。
木々の梢の向こうに、緑に包まれた三重の塔が見えました。
水音にふと振り返ると、田んぼに水が流れ込んでいます。

いよいよ、田植えの準備です。
うぐいすから、カエルの声に季節が移ります。

山田には、美しいものがたくさんあります。
宝さがし、してみませんか。

毎朝、校門であいさつの声がゆきかいます。
とても、うれしい風景です。
でも、その中でたった一人、声のないあいさつがあります。
みんなを送ってくれるバスの運転手さんです。
バスが校門を通り過ぎるとき、運転席で頭を小さく下げられます。
朝から、何だか幸せな気持ちになります。

ＪＡの駐車場には、黄色い服を着て、みんなの登校を見守ってくださる方々がいます。
みんなの登校が終わると、それぞれにあいさつをして家に戻られます。
そのあいさつされている姿がすてきです。

家に戻られる、それぞれの背中に「ありがとうございます。」の心を届けます。

山田には、優しい思いがたくさんあります。
宝さがし、してみませんか。

美しいものを、すばらしいと感じていますか。
優しい思いを、あたたかく感じていますか。

宝さがし、してみませんか。

何かを見るとき、美しいところをさがしてみませんか。
誰かと会うとき、良いところをさがしてみませんか。
自分と話すとき、自分をほめてあげませんか。

それが、宝さがしです。

校門前の坂道をかけ上がる子どもがいます。

「おはようございます。」と声をかけると、「おはようございます。」の声だけ残して、そのまま走りすぎます。

どうしたのかな……

目で追っていくと、そのまま水道に走ります。

じょうろに水を汲み、鉢植えに水をあげています。


宝さがし、してみませんか。


時々、伝えたいことを、ふと、書きます。

決まった日程で書かないし、あなた方、そして、お家の方への思いがたまったら、書きます。

だから、手紙です。

3. 雀のあたたかさ

雀《すずめ》のあたたかさ　にぎる　はなしてやる

尾崎放哉《おざきほうさい》の俳句《はいく》です。

覚えはありませんか。
小さな動物や小鳥にふれたときの何とも言えないあたたかさ
思わず手に取り、そこに生きている実感を感じること……

いつまでも手にしていたい想いにかられ
小さな命の息吹きを感じ
小さなものの命の重さを量り
そっと手放す

その手には
やわらかさとあたたかさが残ります。

覚えはありませんか

道端の流れに、小さな魚影を見つけ
思わず目で追う中で、いつのまにかその魚影が増え
流れの中に、小さな命があふれていることに気づいたこと

覚えはありませんか

春休み前に、一冊の本を紹介していただきました。

からっぽのうつわの中に、いのちを注ぐこと。
それが、生きるということです。

日野原重明さんの言葉です。

からっぽのうつわの中に、精一杯生きた一瞬一瞬をつめこんでいくことが、生きるということなのです。
大切なことは、どんな一瞬を、どんな時間を、つめこむかということなのです。

雀のあたたかさ
それは、懸命に生き、懸命に羽ばたく、雀の一瞬なのかもしれません。
それは、その一瞬を感じ取りたいという想いなのかもしれません。

にぎる

はなしてやる
それは、雀の命の躍動を感じ、自分にも同じ一瞬、同じぬくもりを感じたからかもしれません。

自分の周りにいるもののあたたかさを、ぬくもりを感じ取ること
自分自身のあたたかさを、ぬくもりを感じること
そして、それがつながっていること、すべてにつながっていること

覚えはありませんか

4. のびのびランニング

（路上で、のびランを待つスケッチ）

木の葉が風に舞い、
それに光があたって、きらきらと輝きました。

紅葉に染まる山々に陽が差し、
時折、雲がその影を落とします。

遠くから、拍手と歓声が響きます。

庭の梢には、るり色の小鳥がさえずります。
畑の世話をされている方が、仕事の手を休め、その背中が映ります。

ピー
笛の音とともに、ますます大きな歓声が聞こえます。

影差す道は、まだ硬い表情を見せています。
陽が差す道は、やわらかくあたたかそうです。

ハア、ハア、
息遣いが、聞こえます。
重なる息遣いが聞こえてきます。

青空に、大きな鳥の影が舞います。
冷たい風が吹き抜けます。

息遣いが、だんごのように固まります。

足音が、近づきます。
白い体操服と、赤く染まる足と、そして息遣いが近づきます。

「がんばれ。」
もう少し気が利いた言葉はないか、と心では思いながら
やっぱり、
「がんばれ。」

その声に、にっこり笑顔を返す子もいます。
まっすぐ前を向いて、その決意の口元に返事を表す子もいます。

山田の子は、すてきです。

やがて、折り返しを過ぎて、また前をかけ抜けます。
今度こそ……
いい言葉が見つかりました。
「がんばってるね。」

走る子どもに、やわらかく陽が差します。

空からも、見ているよ。
空からも、応援しているよ。
後ろ姿が、まぶしいです。

山田の子は、すてきです。

美しい山田の景色に、
　あたたかい日差しに、
　　山田の子は、すてきに映えます。

5. 明日を待つ冬

明日を待つ冬

ある本で見つけた言葉です。

厳しい寒さ
冷たい風、
凍り付く景色……

でも、冬は春につながる季節です。

明日を待つ冬……

こんな言葉が、私の心にふっと残りました。

言葉って不思議です。
触れることで、あったかくもなるし、元気にもなります。

かつて、担任をしていた時の「手紙」に、こんなことを書きました。

「どんなことがあっても、私は人生に『イエス』と言う。」

ふと目にした新聞にのっていました。そして、なぜかその言葉が心に残りました。記事を読んでみると、これは外国のある女の人の言葉なのです。彼女はとても才能豊かな人で、映画の監督をしていました。戦争の少し前にドイツで行われたオリンピックの映画を撮った人です。映像はとてもすばらしかったのですが、戦争のこともあって、彼女は世界中から非難されます。映画自体は美しいものだったそうですが、彼女はつかまり、世界中の人から相手にされなくなります。そして、何十年もたって、再びこの映画の良さが認められます。でも、この人はもうすっかり年をとってしまっていました。

そして、死ぬまぎわに、この言葉を残します。

どんなことがあっても、私は人生に「イエス」と言う。

私は、この言葉が今年、一番、心に残りました。

何か、いやなこと、つらいことがあっても、自分が生きていることを大切なことだ、すばらしいことだ。そう、思いなさい。この言葉には、そういう想いが込められています。

そして、それはすばらしいことだと思います。

言葉が、心につきささることがあります。
言葉が、心を支えることがあります。
そんな言葉をたくさん持ち、大切にしていきましょう。

どんなことがあっても、私は人生に「イエス」と言う。

この言葉を、あなた方に、そして、この「手紙」を大切に思ってくれる方に送ります。

当時の「手紙」は、こう結ばれています。

今年、どんな言葉に出会いましたか。
今年、どんな言葉を贈りましたか。

明日を待つ冬……

寒さが厳しくなります。

でも、それは、やがて春が来るしるしなのです。

言葉って、不思議です。
今年、どんな言葉に出会い、贈りましたか。

6. ミニ運動会に思うこと

どこにも、ありえない時間でした。
山田にしか、ありえない時間でした。

一人ひとりが、一人ひとりのことを、本当に大切に思い、
一人ひとりが、山田に生きることを、本当に誇りに思い、

山田小学校の子どもが、山田幼稚園の子どもが、
秋空の下、見事な実りを見せてくれました。

10月1日、

本当にすばらしい運動会でした。
終わりの式で、私はあなた方に「ありがとう。」と、頭を下げました。
終わりの言葉は何も考えず、その時に感じたことを正直に言おうと決めていました。
自然に頭が下がりました。

10月11日、
運動会に参加できなかった1年生のために、
小学校、幼稚園の子どもたちが、また、みんな集まりました。
先生方が頭をひねり、20分休みに全校大玉送りをやろうと決めました。
そして、その後は1・2年生だけのミニ運動会をしようと決めていました。

全校大玉送りは、2対1で、赤が勝ちました。

そして、1・2年生の表現が始まりました。
でも、誰も帰らないのです。
1・2年生の踊る姿に、全校生があたたかい拍手を送ります。

玉入れが始まりました。
驚きました。
全校生が立ち上がり、大きな声で応援が始まったのです。
応援団長の声が、高く高く、秋空に響きます。
フレーフレー
全員の声が、山田の空に響きます。

山田にしか、ありえないことです。

一人ひとりが、一人ひとりのことを、本当に大切に思った証です。
一人ひとりが、山田に生きる喜びを、本当に輝かせた証です。

指揮台の横で、あなた方の姿を、応援に来てくれた保護者の方々の姿を、演技や放送の準備にはげむ先生方をながめながら、今、ここにいる喜びを、そして、幸せな思いを分かち合える喜びを、ぐっとかみしめていました。

あなた方一人ひとりも、きっと同じ想いを分かち合えたことでしょう。
豊かな時間でした。
美しい時間でした。

こういう時間が、こういう想いが、
人を、育てます。
こういうつながりが、こういうあたたかさが、
人を、美しくします。

山田にしか、ありえない時間でした。
本当に、ありがとう。

7. どろ田遊び

はじめから、やめておけばよかったんです。
出張前に仕事を片づけておこう……

いざ、パソコンに向かっても、気持ちは向こうに行っていました。

やめよう。


決意して、自転車に飛び乗り、校門を出ました。

でも、どこにも姿がありません。

どこからも、声が聞こえてきません。

どこからも、気配が伝わりません。


やみくもに走り出すと、向こうから知っている顔が見えました。

「すみません。幼稚園のどろ田遊び、どこでやってますか。」

「私も、今から行こうと思っていたのです。」

申し訳ありません。

真夏を思わせる日差しの中、私は自転車で、その方は駆け足で、走ってくれました。


どろ田遊び……

とんでもありません。

どろ田プールです。

田んぼで泳いでいます。

あぜにはどろが乾いて、真っ白になった子がいます。


ワイシャツ姿で立っている自分が、恥ずかしくなりました。

はじめから、やめておけばよかったんです。


少し前、怒られました。


保育室の庭先には、生き物があふれかえっています。

おたまじゃくし、かぶとむし、サワガニ、カメ、リス、ウサギ……

ちょっと自慢してやろうと、ザリガニをつまみあげたのです。

「ザリガニで遊んじゃダメ。」


怒られました。

はじめから、やめておけばよかったんです。

今、一冊の本を読んでいます。
「春の数えかた」という本です。
日高敏隆という人が書きました。
なぜ、ツバメが巣を作ると、その店は繁盛するのか……
カラスの民主主義……
ホタルが水辺で舞うのは、日本だけ……
いろいろな生き物の不思議が描かれています。

山田に来て、
幼稚園に来て、
無性にこんな本が読みたくなります。

昼からの出張先の園長会で、どろ田遊びの話をしました。

山田の子が、どれだけヘビになり、カエルになり、
保育室に田んぼが広がっているかの話をしました。

帰る間際、よその園長さんから、ちょっぴりほめていただきました。

8. 七　夕

七夕

いくつ、願いを持っていますか。
誰に、願いを届けますか。

玄関ホールに大きな笹が据えられました。
近くに短冊とこよりが置いてあります。

願いが、星に届くと思っていますか。
星に届くと、願いがかなうと信じていますか。

夜空には、天の川が流れます。
その川の対岸に、「おり姫」がいて、「ひこ星」がいます。
大昔の人は、夜空を見上げ、どんな想いで、こういう物語を創り上げたのでしょう。
そして、その物語が、何千年も語り継がれると思ったのでしょうか。

おり姫がベガであり、ひこ星がアルタイルであり、
1年に1度はおろか、
二つの星が約140兆キロメートルも離れていることが発見されても、この話は、少しも色あせません。

だから、人は星に願いをかけます。
だから、七夕に夢を伝えます。
天に届けと、笹を飾り、
短冊に願いを描きます。

いくつ、願いを持っていますか。
誰に、願いを届けますか。

玄関ホールの笹には、たくさんの願いが下げられています。

ピアノが上手になりますように
ダンスが上手になりますように
そろばんが上手くできますように

みんなが健康にくらせますように
ゲームのレベルがあがりますように

ねがいが全部かないますように

おり姫やひこ星までは、この世で一番速い「光」でさえ、16年以上かかります。
でも、願いは、短冊に書いたとたん、星まで飛んでいきます。

だから、何千年も繰り返し、人々は願いを描き続けたのです。
だから、世界のいろいろな地域で七夕が語り継がれたのです。

夜空を見上げると、足元は見えません。
星を探すと、地面は見えません。

夜空で星を探すことは、
いつもと違う自分を見つけることになるのかもしれません。
七夕に願いを描くのは、
今、とは違う、未来の自分に話しかけることになるのかもしれません。

いくつ、願いを持っていますか。
誰に、願いを届けますか。

私も、一つ、短冊に書いてみることにしましょう。

そろそろ、夏の大三角が見えることでしょう。

9．ａｂｃ予想（60歳の朝に）

朝会で、ａｂｃ予想の話をしました。

昨日は、とっても寒かった。
だから、私は話を短くしようと考えていました。

でも、もしやわらかくあたたかい朝だったら、
私は、こんな話を続けたかったのです。

今、人間は130億年前の宇宙の始まりを追い求めている。
この世の中にあるすべての力に共通するものをつかもうとしている。
それをたった一つの式に表そうとしているのです。

国境を越えて力をあわせ、宇宙を目指そうとしている。
かつては夢だった自動運転の車が、もうそこまで来ている。
難病と言われた病気が、当たり前のように完治することができている。

人間はね、
人間の本当の力はね、

夢を持つことができること、なんです。

私はね、そのことに感動したのです。
だから、あなた方にそのことを伝えたかった……

覚えておきなさい。

人間のすばらしさは、夢を持つ力、なのです。
あなた方は、どうでしょう。

どの学年も、運動会で、音楽会で……
すばらしい演技で、見る人に感動を与えてくれました。

すばらしいものを創ろう、という夢を持ち、
それをみんなで語り、
ひとつずつ、一歩ずつ、
みんなで手をつなぎ、夢に向かって、努力してきました。

だから、感動を与えた。
すばらしかった。

夢を持ち、夢に向かって、挑戦し続けたのです。
その姿がまぶしかったのです。

人間の本当の力は、夢を持つこと、です。

そして、それに向かって努力できることです。
だから、あなた方、山田の子どもたちは輝いているのです。

ａｂｃ予想を解いた望月教授のホームページをのぞいてみました。
全く、分からなかった。
数学の式が難しかった……
いいえ。
論文がすべて英語で書かれていたからです。

夢に、国境はありません。

夢を持ち、夢に挑戦し続ける人間を目指しましょう。

第2章　学校だより

1．春風に誘われて

春風に誘われて、学校周りを歩いてみました。

川べりの草むらに、白サギがたたずんでいます。
浅瀬の魚か虫をねらっているのでしょう。じっと、動きません。
少しはなれたところにすわって眺めている人の気配など、どこ吹く風です。
やがて、ゆったりと羽を広げ、飛び去ってゆきました。
あんなにゆっくり羽ばたくだけで、大空に駆け上がります。

春の時間は、ゆっくり流れます。

八幡宮の境内には、ウグイスの声が響いています。
裏山にこだまするのでしょう。深く豊かに響きます。

境内に佇みながらじっと耳を澄ます人の想いなど、どこ吹く風です。
やがて、こだまだけを残し、鳴き声は止んでゆきました。
あんなに小さくさえずるだけで、豊かな余韻が残ります。

春の気配は、あたたかくしみこみます。

川向こうに眺める、八幡宮。
川向こうから眺める、又新の門。
川をわたる、セキレイの姿。
田を横切る、ツバメの舞姿。
山田の郷に、豊かな春がめぐってきました。

一年が、始まります。

（2017年4月）

2. こみ上げる想い

しみじみとこみ上げる想いは、本物だと思います。

つくづくと振り返る思いは、本当だと思います。


台風で木が倒れて道が閉鎖され、いつも通りのバス通学ができませんでした。

子どもたちの登校を迎えに行くと、だんだん大人が増えました。

いつもと違うバス停には、おまわりさんと、市バスの方と、青葉台からずっと歩いてくださった方と、先生が3人と、私が、いました。

集合場所の青葉台の公園にも、たくさんの方が送ってきてくださったそうです。


私は、思います。

山田は、日本で一番愛されている学校じゃないかな……

ずっとバスを待ちながら、そんな想いがこみ上げてきました。


学校からの帰り道……

衝原の方を見ると、夕焼けで空が本当に美しく燃えていました。

あんなすばらしい夕日は見たことがありません。
夕陽の赤が、山の緑を染めあげます。

私は、思います。
山田は、日本で一番美しいところじゃないかな……
帰りの車の中、ハンドルを握りながら、つくづくと思いました。

私は、思います。
山田小学校は、日本で一番歌声のすてきな学校じゃないかな……
音楽会の練習を見ていて、そんな想いがしみじみとこみ上げてきます。

子どもたちの歌声に、演奏に、感動し、
指揮をしながら震える先生方の指先を見つめてください。

（2017年11月）

3. 梅檀は双葉より芳し

梅檀は双葉より芳し

正門のすぐ北側に、センダンの木があります。
山田小学校が、今の場所に移った時に記念に植えられたそうです。

朝、校門に立つと、センダンともみじの間に、六条八幡宮が浮かびます。
向こうに高くそびえているのは、帝釈山でしょう。
緑に包まれた三重塔が美しいです。

緑の額縁を切り取った美しい景色です。
山田は、神戸で一番美しい学校です。

丹生山に登りました。

山道を進むと、足元から涼しい沢の音が響いてきます。

道が険しくなります。つづら折れが重なります。
汗が出るにつれ、頂きが近づきます。

神社の境内で、子ども相撲が繰り広げられました。
昨日の雨は、うそのよう……青空の下の熱戦です。
山田は、神戸で一番素敵な学校です。

梅檀がうすむらさき色の花をつけました。

正門脇の木々が、初夏の風に揺れています。

（2015年6月）

4．ホタル

急な日差しを避けようと、木の陰に逃げ込みました。
すると、そこはひんやりして
真夏を思わせる熱い日差しが

木の葉を、木の枝を通る中で、
気持ちの良い柔らかさに替わります。

木漏れ日……

あの暑さがあってこそ
あの厳しさがあってこそ

やわらかな日差しが、心地よい。

夕涼み……

あの昼間の暑さが、うそのよう……
あの焼き付けるような熱風がうそのよう……

「校長先生」

玄関ホールから、大声で呼ぶ声がします。
出かけてみると、
両手を胸の前で、閉じた子がいました。
そっと開けてみると、
ホタル、です。

暑い夏が、もう、間近……
暑ければこそ、
厳しければこそ、
小さな幸せが光ります。

梅雨の晴れ間に、
夏の大三角が、見えるかもしれません。

（2016年7月）

5. 山田で、良かった

山田で、良かった。

修学旅行のバスから降りたとき、
あまりの寒さに上着の前をあわせながら、
ふと、見上げると
そこには紅や黄色に燃える山々……
京都は確かに美しかった。
でも、山田は、もっと美しい。

山田で、良かった。

音楽会のアンケート
ずっと目を通していると
本当にあたたかい
本当に心打つ

たくさんの言葉に出会えました。
子どもたちも、職員も
心を一つにしてがんばりました。
それを思い出しつつ……

山田で、良かった。

一年が終わろうとしています。
時がめぐろうとしています。
運動場で元気よくかけまわる子どもたちを見て
教室で目を輝かせる子どもたちを見て
そういう学び舎を包み込むような
山田の空を、山を、川を、見て

山田で、良かった。

（2016年12月）

6. 奇跡（最後の「学校だより」）

バス代、全額補助が決まりました。

一人ひとりの小さな願いが、いつのまにか重なり、学校から地域に広がり、いつのまにか大きな輪になり、それが、大きなものを動かしました。

連絡を受けたのが、入学説明会の最中でした。
「まるで、ドラマみたい。」
参加されていた保護者の方が言われていました。

山田に、奇跡が起きています。

2月1日は、この冬一番の大雪でした。
この日に、「力のつく授業」研究会が行われました。
雪にもかかわらず、200名近い参観者が集いました。

そして、山田の子どもたちに称賛の声をあげられました。


教育委員会の主事さんが言われました。

「どこでも人が集まらず、50～60人がやっとなのに、信じられません。」

県外からも何人も参加されました。


山田に、奇跡が起きています。


でも、思います。

奇跡では、ありません。

山田の子どもたちのため、みんなが当たり前のことを、一つずつ積み上げてきたのです。

それが、信じられない結果を生み出します。

それを、人は「奇跡」と呼びます。


山田の郷も、もうすぐ春です。

（2018年3月）

7. 春の匂い（以下、福住小学校　学校だより）

春の匂い

雨粒が、地面をたたきます。
土くさい香りの中に、春の匂いがただよいます。
これは、春を告げる匂いなのでしょうか。冬の残り香なのでしょうか。

店先に、つくしやふきのとうがならびます。
口にすると、苦い香りが鼻をつきます。
これは、春を告げる匂いなのでしょうか。

凍える風の中、冷たい雪の中、
固く縮まった土が、温かさにほぐれるとき、
春の匂いがただようのでしょうか。それとも、冬の残り香なのでしょうか。

満開の桜の中、ゆらめく温かい日差しの中、

福住小学校の一年が始まりました。
そして、
厳しい冬を越え、新たな春が巡ってきます。

時は巡り、古きを終え、新たに始まります。
冬の冷たい土の中で、仕舞いと始まりが行われていたのです。
そして、地面をたたく雨粒が、それを解き放つのです。
冬の残り香と春の匂いは、結び付いているのです。

一年が、終わろうとしています。

春の足音が、聞こえてきましたか。
春の匂いを、感じていますか……

（2015年3月）

8. つめかえて

朝、校門に立ってあいさつをしていると、いろいろなあいさつの声が返ってきます。

元気な声、眠そうな声、大きな声、小さい声……

あいさつの声が、深緑の摩耶に映えます。

やがて、そこにやさしい元気な声が交じります。

毎朝、見守りをしてくれる方の声です。

弾む声に空気が変わります。

毎朝、繰り返すことなのに、

毎朝、どこか違います。

うれしいことがありました。

おはようございますに、いつもありがとうございますという言葉を添えてくれた女の子がいました。
見守りの方の笑顔がいつもより輝きました。
輝く笑顔が、深緑の摩耶に映えます。

朝の短いドラマです。

何百人という子どもたちが、それぞれの想いをランドセルに詰めて門をくぐります。
そして、一日のドラマにつめかえて、また校門をくぐります。

朝の出会い……
大切にしたいと思います。

（２０１４年５月）

9. マロン

ある朝、うさぎが、一匹、行方不明になりました。

飼育小屋の周りが騒々しいです。
運動場を探し回る子、公園に探しに行く子、小屋の中を懐中電灯で探す子。

うわさがうわさを呼び、
飼育委員会の話が、学校全体に広がりました。

チャイムが鳴り、子どもたちはそれぞれの教室に戻りました。
でも、一人ひとりの子どもたちの背中には、
心配です……と、書いてありました。
重い足どりで、みんな引き上げていきました。
運動場には、たった一人、静けさだけが残りました。

そっと、飼育小屋をのぞいてみると、
いなくなった、はずの、マロンがきょとんとした表情で立っていました。

そんなマロンをながめながら、

すてきな時間だったな、
すてきな子どもたちだったな、
そう、思いました。

一つの命を、たった一匹の行方を、
全校生が、見守ります。

夏空に、ぽつんと一つ、白い雲が浮かんでいました。

校長　板東　克則

（2014年7月）

第3章　読書案内

1．〈本を読みましょう〉

本を、読みましょう。

（2014年5月　学校だより）

若い頃に、先輩の先生と言い争いになったことがあります。

原因は、今まで読んだ子ども向けの本の中で、一番すばらしいと思う本はどれか、ということでした。

私は、何と言っても「指輪物語」だと思いました。

（これは、後にロードオブザリングという映画になりました。）

相手の先生は、「ゲド戦記」だと言いました。

（これも、後に映画になりました。）

お互いに言い争っているうちに、二人とも何だか変だなと思い始めました。

それは、私は当時「ゲド戦記」を読んだことがなかったし、相手の先生は「指輪物語」を読んだことがなかったのです。

その後、私は「ゲド戦記」を読みました。

そして、久しぶりにその先生に出会いました。

私が声をかけようと思った瞬間、相手の先生から声がかかりました。

「指輪物語、むっちゃ面白かったよ。すごい本だね。」

「ゲド戦記、すごいです。夢中で読みました。」


本に、出会いましょう。

すてきな本に出会いましょう。


（２０１５年９月　学校だより）

2.〈神保町〉

東京に、神保町という町があります。

一つの町自体が、本屋さんや古本屋さんばかりの町です。

私は、この町が好きで、何度か訪れています。

この夏も、行ってきました。

特別に目当ての本があるわけでもなく、ただぶらぶらと町を歩きます。

店の前に並べられた本の背表紙をながめて、歩きます。
時々手に取って、よっぽど気に入った本があれば、何冊か買います。

気に入りの、コーヒー店があって、そこで買った本に目を通します。
ゆったり、時間が流れます。

郊外に、新しいスタイルの本屋さんを見つけました。

椅子があって、ソファーがあって、
高い棚から、自由に本を選んで、そこでゆっくり本が読めます。
とてもおしゃれで、飲み物も飲めるし、その本に関連したグッズも売っています。

本屋さんも、時代によって変わっていくものです。
でも、「人が本を読む」ということは変わらないんだなあと思います。
おしゃれな本屋さんを後にして、電車に乗りました。

そして、また神保町で降り、
古い本屋さんの立ち並ぶ街を、ぶらぶらしました。

この夏の、思い出です。

3.〈折々の言葉〉

（以下、『市民図書室だより』）

朝日新聞の朝刊の一面に、「折々の言葉」というコーナーがあります。それを書いている人は、鷲田清一という人です。ご存知ですか。哲学者で、たくさんの本を書かれています。

家に帰ると、その鷲田さんから葉書が届いていました。先日鷲田さんに、私の本を送ったのです。そのお礼でした。お忙しい方なので、とても目を通してはいただけないだろうと思っていました。うれしかったです。

「（板東）先生が授業に、工夫に工夫を重ねている息遣いが聞こえてくるようでした。」
と書いてくださいました。

実は、鷲田先生とは、以前、ある雑誌で対談したことがあるのです。当時、鷲田先生は大阪大学の総長（校長のようなもの）をされていました。だから対談は、阪大の総長室で行いました。校長室と違って、とにかく広い。ざっと体育館ぐらいある部屋でした。2時間があっという間に過ぎ去ったことを覚えています。この対談の載った雑誌は、市民図書室にあります。

市民図書室に、いくつか私の書いたものを置いていただいています。私が担任時代に、そして山田で書いた、学級だより・学校だより「手紙」を製本していただきました。（実は、山田で書いた「手紙」のいくつかは、東京などでも読まれています。）

「授業論」――何もしない時間　そして　手紙――

雑誌に掲載した物……

もし機会があれば、一度手に取ってみてください。

4.〈内側は外側より広い〉

「内側は、外側より広い。」～本で出合う言葉～

『ナルニア国物語』は、全部で7つの物語からできています。
その「最後の戦い。」の終わり近くに、この言葉があります。
内側は、外側より広い……
おかしな言葉です。意味が通りません。
でも、この物語をずっと読んでいると、すっと腑に落ちます。
内側は、外側より広い。
私は、この言葉に出合うために、ナルニアを読んでほしいと勧めています。

ゆっくり進むことは、急いで進むよりも速い……
エンデの『モモ』に出てきます。モモが亀のカシオペイアに連れられて、灰色の男たちから逃げるときの言葉です。モモを読むと、この言葉が光ります。

本には、きらきら光る言葉があります。

筋を追わないと分からない言葉もあるし、言葉だけが光ることもあります。

「人生は重い荷物をしょって（背負って）、坂道を上るがごとし（ようなものだ）」

山岡荘八の「徳川家康」の言葉です。全28巻の終わりに出てきます。物語の終わりに納得する言葉です。

本を読みましょう。

本の中の言葉に出会いましょう。

輝く言葉を、たくさん集めましょう。

5. 〈本を創るということ〉

この冬に、おもしろい体験をしました。

それは「本を創る。」ということです。

何度か、雑誌などに載せていただいたことはありました。

自分の書いたものを出版社とやり取りしたり、場合によっては東京から出版社がやって来たりして、原稿を書いたこともありました。（市民図書室にも置いていただいています。）
でも、この冬には一冊の本を創り上げるという体験をさせていただきました。

本を創る、ということは、ただ文を書くだけではありません。
まず、何度も何度も見直しをします。
まちがえた字はないか、意味の通らない文はないか……
そして、数字はこれでよいのか……（例えば、10人か、十人か）
赤で直したり、付せんを貼ったり……
それが本としての活字になって返ってきます。（組字と言います。）
それを出版社の人と何度もやり取りをします。（校正と言います。）

それだけではありません。
表紙を何色にするのか。紙の質はどうするのか。
帯（表紙に巻きつけてある紙）に、どう書くのか。
そういうことも一つひとつ話し合います。
ページ数はどうなるのか。

目次は、どうするのか。

本当に、本当に、たくさんのことを通して、やっと一冊の本ができ上がります。一冊の本には、作者だけではなく、本当にたくさんの人が、たくさんの目が、たくさんの手がかかっているのです。たくさんの想いがつまっているのです。

図書室には、たくさんの本が並んでいます。
その一冊一冊に、たくさんの手と目と心が込められているのです。

本を手にとって、一度、そんなことを感じてみませんか。

6. 〈私は、本が好きです〉

私は、本が好きです。

いつからか、とは覚えていません。

ただ、記憶の断片みたいに、本につながる風景があります。

小学校の図書室は、うす暗い校舎の片隅でした。
そこに座って、歴史ものとか、ＳＦなんかを読みふけった記憶があります。
でもずっとじゃありません。
何かのシリーズにはまると、かたっぱしからそのシリーズを読む感じ……

記憶は、ずっととびます。

学生時代は、何と言っても指輪物語。
そして、ナルニア、ゲド……　児童文学にはまりました。
司馬遼太郎の本は、全部読みました。
山岡荘八の徳川家康、やはり、歴史ものは続きます。
勉強しなければいけないときに限って、関係ない本が読みたくなります。

先生になって、先輩からこんなことを言われました。

「黙って、教育にかかわる本を100冊読みなさい。」

変なことを言われるなあ……

思いながら、読みました。

それが、今、どこかで役立っています。

本屋に行くのが好きで、図書館に行くのが好きです。
本の背表紙を見ているとうれしくなるし、
古い本のあの香りが好きです。
本を買うでもなく、ぶらぶら歩くことが好きです。

私は、本が好きです。

私は、本が好きで良かった、と思っています。

第４章　卒業式祝詞

１．階段を上りきり

（２０１５年３月）

階段を上りきり、一番奥の赤紫の壁の前で、私の足は止まり、そこに釘付けになりました。足を動かすことも、息をすることさえも、忘れてしまうほどでした。

そこに立っていたのが、一体の彫刻。

ミロのヴィーナスでした。

私は、この世の中に、これほど美しいものがあるのだろうかと、震えました。

厳しく、それでいて、あたたかく……

気高く、そして、やさしく……

時間が止まり、そして、やわらかく包まれるようでした。

卒業生のみなさん。

この世の中には、本当に美しいものがあるのです。

かつて、学生の頃、一冊の本に出会いました。
いつか、紹介した、指輪物語、ロード・オブ・ザ・リングです。
私は、3日間、トールキンの世界に閉じこもりました。
3000ページ余りに過ぎない本の中には、
永遠に広がる世界があり、
最後のページを閉じるとき、
私の心の中には、もう一つ別な宇宙が生まれました。

卒業生のみなさん。

この世の中には、本当にすばらしいものがあるのです。


私が卒業生のみなさんに行った最後の授業で、

「おもしろいことをすれば、おもしろいことが起きる。」

だから、本当の学びをこころがけなさい、と話しました。

この世の中にはね、
本当に美しいもの、本当にすばらしいもの、本当に価値あるものがあるのです。
それに、出会いなさい。
本物をかぎ分ける、するどい嗅覚を磨き、
本物を見い出す、するどい目を養いなさい。
そこに向かって、努力することこそが、本当の学びです。

私が、皆さんに伝えたかった、最後のことは、このことです。

保護者の皆様、
本日は、ご卒業、まことにおめでとうございます。

6年間という時間の中で、子どもたちはそれぞれ大きな育ちを見せてくれました。

これも、ひとえに保護者の皆様があたたかく子どもたちをつつんでくださったおかげです。

子どもたちは、本日、一人ひとり、大きく育った実りを手にしています。

しかし、この実りは、これからが本当に熟すときを迎えます。

これまで同様、今後とも、あたたかく、その育ちを見守ってくださいますよう、お願いいたします。


地域の皆様、ご来賓の皆様。

本日は、ご多用の中、本校、卒業式に足をお運びくださり、まことにありがとうございます。

地域の皆様、ご来賓の皆様は、本校、福住小学校の保護者です。

いつも、あたたかく見守り、励ましていただいたおかげで、本日、82回目の卒業式を無事に迎えることができました。

今後とも、これまで同様、あたたかく本校の育ちを見守ってくださいますよう、この場を借りて、お願いいたします。


さて、卒業生のみなさん。

本日は、ご卒業、本当におめでとうございます。


さあ、いよいよ、旅立ちのときです。

新しい世にはばたき、本当の学びに励まれるようお願いしまして、
私のはなむけの言葉といたします。

校長　板東克則

（２０１８年３月）

2. 最後の、最後の、授業

最後の授業を始めます。

おすわりなさい。

あの日は、朝から大雪でした。
白銀の世界を背景に、100人を超える参観者を背景に、
あなた方は、静かに、深く、考えていました。
そして、自分の想いを、自分の言葉で語っていました。

歴史は、教科書のページをめくることではありません。
人がそれぞれの時代を懸命に生き、その積み重ねが歴史になるのです。
今に残る足跡から、人々の息吹きを聴き、想いを重ねることで見えてくるもの、
あなた方は教室から飛び出し、平安の世や戦国の野を駆け巡っていたのです。
山田の郷から日本中、そして世界へと羽ばたいていたのです。
自分に語りかけていたのです。
あなた方は、考えることが楽しいと言いました。
それを、学びと言います。

内側は外側より広い。
『ナルニア国物語』を書いた、C・S・ルイスの言葉です。
今のあなた方なら、その意味が分かるだろうと思います。

内側は、外側より広いのです。

考えることの楽しさを、学ぶことの豊かさを

自分と語ることの奥深さ（おくぶかさ）を
私は、あなた方に伝えることができたと確信しています。
あなた方の目の輝きが
あなた方の筆跡（ふであと）が
私に、そう伝えてくれました。

そして、そのことこそが、私があなた方に、
そして、山田小学校に、伝えたかったものなのです。

しっかり、受け取ってくれました。　ありがとう。

保護者の皆様、
すばらしい子どもたちを山田小学校に通わせていただきました。心よりお礼申し上げます。この子どもたちは、保護者の皆様にとってはもちろん、私たちにとりましても本当に大切な宝物です。これからも、どうぞこの宝物を大切に見守ってくださいますよう、お願い申し上げます。

ご来賓の皆様、

小さなつながりを大切にして、一つ一つ積み上げてまいりました。するといつのまにか本当に大きな力になります。学校と地域が一つになると、本当に奇跡が起きるのだということを学ばせていただきました。いつもいつも温かい心で、山田小学校を、そして山田小学校の子どもたち一人ひとりを見守ってくださり、励ましてくださったことに心からお礼申し上げます。本当にありがとうございました。

そして、教職員の皆様、

本日12人の子どもたちがこれだけ立派に、晴れやかな日を迎えることができたのは、山田小学校・幼稚園の教職員が一つになり、一人ひとりにあたたかく向き合ってくださったおかげです。ありがとうございました。

さて、卒業生のみなさん。

いよいよ旅立ちのときです。

未来には、さまざまなことが待ち受けています。

でも、心配はいりません。
内側は、外側より広いのです。

静かに風を感じ、大きく羽ばたいてゆきなさい。

これで、私の、最後の、最後の授業を終わります。

平成30年3月22日
神戸市立山田小学校
校長　板東克則

第４部　補　筆

～一教育者として～

退職後、大学院に学びつつ

教育現場を退職後、兵庫教育大学大学院に進学し、教育哲学を学んだ。また、神戸市総合教育センターの主事として、再任用の籍を置いた。そうした中から、新たに教育を見つめ直し、学会で発表したり、研究会に参加したりした。その中からの、数編のレポートである。

1.「何もしない時間」（教育における「実存の時間」の持つ意味）

教育における「実存の時間」の持つ意味
―「何もしない時間」の問い返すもの―
（関西教育学会　第71回大会　1.教育哲学A　２０１９年11月16日　発表時配付資料）

神戸市総合教育センター
板東克則

はじめに

学校には、必ず、どこかに忘れ去られたような場所がある。学校の時間の流れに子どもも私も流され埋もれてしまいそうな時がある。そんな時、私は時々子どもを連れて、そういう場所に行く。何をするために……何もしないため、である。「何もしない時間」、そう

いう時間を、私は時に作ることにしていた。(1)

捨てることで、得るものがある。手放すことで、見つかるものがある。無駄に見えるものにこそ意味があり、空白が埋めるものがある。与え、与え続けることでやせていくものがあり、余白が育てるものがある。

一見、理に合わないことが、教育では重要な意味を持つことがある。日々の教育活動に追われ、その意義を認めつつも、ふと、どこかに覚える違和感。何かを取り戻すために作る空白の時間。子どもたちは「何もしない時間」を過ごし、その終了時には、一様に夢から覚めたような、豊かな表情を残す。通常とは違う時間が流れ、その終了とともに日常に舞い戻る実感。

教育には、予め意図・計画できない瞬間がある。必ずしも目標にはそぐわないものの、意図したものを凌駕する瞬間がある。これらは誰もが経験値として実感しているものの、偶然の産物とみなされ、計画的に練られた教育課程の中に埋没し、その痕跡も残さない。もし、教育から意図をはずし、目的そのものを手放し、違う時間の中に身を委ねたら、そこには違う世界、異なる価値観が拡がることだろう。

ボルノーは形成をこばむ「実存」に着目し、「人間生活には、連続的経過とならんで、それと同様に、ときおり特殊な仕方で人間生活を中断する非連続な箇所がある。[2]」と述べる。これに従うならば、ときおり目的を手放し、今までとは違う見方で教育を問い返してみればどうだろうか。鷲田清一は、この実践をとらえ「『教育』の眼鏡をはずすと、子どもが見えてくる。[3]」と表現している。

本発表では、「何もしない時間」の実践をもとに、教育の目的や意図を手放し、教育に空白を持ち込むというような日常とは異なる特殊な仕方（本発表では、それを「実存」的と呼ぶ）が生み出す時間（合わせて、「実存の時間」と呼ぶ）をもとに、教育を問い返すことを試みる。

（1）「余白の時間、余白の場所」が生み出すもの――「何もしない時間」の実践から――

「何もしない時間」という実践がある。２００７年度、神戸市立春日野小学校5年生の実践である。発表者は、この実践を雑誌に紹介し、『『授業論』――何もしない時間　そして　手紙』としてまとめた。以下、引用する。

――

時々、学校の時間の流れに子どもも私も流され埋もれてしまいそうな時がある。そんな時、私は子どもを連れて中庭に行く。何をするために……何もしないため、である。「何もしない時間」そういう時間を、私は時に作ることにしていた。何もしない時間……そう、文字通り、何もしないのである。しゃべっても、いけない。本を読んでも、いけない。遊んでも、いけないのである。そして、もちろん私も、指示してもいけない。怒ってもいけない。話しかけてもいけないのである。木漏れ日がさす、少し薄暗い、そんな場所に子どもたちを連れて行き「今から、何もしてはいけません。」とだけ話し、そして、後は、本当に何もしないのである。

子どもたちは、何もしないことに慣れていない。まず、友だち同士で話し始める、何もしない、ということを、何でもしていい、という風に解釈するのだろう。楽しそうな話し声やざわめきが続く。しかし、やがて、静けさがざわめきを凌駕するときが来る。子どもたち一人ひとりが、静けさに耳を澄ます。すると、普段日常では聴こえないものが聞こえてくる。静けさとは、静寂ではない。日常の雑音が、自然の豊かさにすりかわる。そして、その音に子どもたちは耳を傾ける。静かな、豊かさに、身を委ねる。いつか、友だちの固まりがほぐれ、一人ひとりが距離を置いて、すわる。木の梢を見つめ、地面を見つめ、目を閉じる子もいる。普段聞こえるはずで、聞いていないものが聞こえる。鳥のはばたき、それにより舞い上がる砂の音。電車の音、駅の近くで聞こえるはずなのに、日常は遮断している。静かな、豊かな時が流れる。

「何もしない時間」の終了を告げると、どの子も時間が経ったことに驚き、一様に夢から覚めたような表情をする。そこには何かしら豊かなふくらみがある。そして、すぐに日常に舞い戻ってゆく。(4)

「何もしない時間」に感じたことを、子どもたちが話してくれた。鳥の声が聞こえた。羽ばたきが聞こえた。虫がいた。音楽室からリコーダーの音が聞こえてきた。そして、電車の音が聞こえてきた、と。聞こえているはずの音が、ふだんの生活の中では、子どもたちの耳に届いていない。しかし、日常の中に埋没し、見えなくなっているのは音だけだろうか。

「何もしない時間」を過ごした子どもたちの表情は、どの子も豊かなものだ。ふだんずっとしゃべっている子が、何も言わずに沈黙している。しかし、その顔に固さはない。また、いつも連れ立っている子どもが、それぞれ思い思いの場所に座り、「何もしない時間」が終わると、また自然に寄り添う。どの子どもたちの表情も満足気なのだ。(5)

「何もしない時間」につながる活動として、発表者は前任校での畑の草抜き活動を挙げる。田園地域の学校の裏の畑で行う草抜きである。2時間連続で行う草抜きの中で、初めはしゃべりながら草をちぎっていた子どもが、やがてその手が畑の土の中に深く沈み、草を根っこごと抜くようになるにつれ、静けさが訪れる。そこでも聞こえてくる音が普段とは異なり、電車や車の音が聞こえる。草抜きの終了には思いがけぬ時間の経過と夢から覚めたような子どもの表情に出会う。ある子どもは「先生、土ってあったかいんだね」という言葉を残した。

草抜きにおける「専心」と「何もしない時間」における「放下」、一見対称的にすら思える行為の結果として同様なことが起こる。両者とも、その取り組みの始まりには、普段の様相を見せるのに、ある瞬間を境に違う時間が生み出され、子どもは静けさに浸り、日常には聞こえない音を聴き、その終了時には夢から覚めたような表情をする。同じ経緯をたどり、同じ結果に結びつく。全く趣向の違う取り組みが、その輪郭を越えて結びつき、重なる。

「何もしない時間」の実践は、普段の教室では成立し難い。木漏れ日がさす、少し薄暗い中庭で行われている。草抜きも教室から離れた畑で行われている。こうした時間の流れには、時間だけでなく空間も求められるのである。ボルノーは『人間と空間』の中でこうした活動の例として「散歩」を取り上げ、「さすらい歩く者には、さらに、さすらい歩く者の路の形式、つまり固有のさすらい歩きの小道が対応している。(6)」と述べている。こうした時間を現出していくには、日常から離れた「場」が関係するのである。

「何もしない時間」の中で、子どもたちはふだん見えているはずで見ていないもの、聞こえているはずで聞いていない音、に出会う。いつも聞こえている音を、わざわざ「音楽室から聞こえるリコーダーの音」と名づける。日常から離れることで、日常を見つける。いつも連れ立つ子が、距離を置いて座る。指示したわけではなく、自然と離れ、また自然と寄り添う。独りになって自分を見つめ、連れ立つ自分に戻る。学校の日常では出会えない独りの自分と周りとの距離。そして、その終了とともに、日常に舞い戻る。

もとより、何かを目指した時間ではない。日々の教育に追われ閉塞感を感じる中で、ふと、空白を持とうと思いついた実践である。ふと、思いつくこと自体が、教育課程編成の原理にはそぐわない。しかし、現実の教育の場面ではこうしたことが往々にしてあるのではなかろうか。「教えること」を止め、時間を手渡してみようとした実践である。日常の場所を離れ、学校の中ではその存在意義が明確ではない場所で行われた実践である。発表者は、これを「余白の時間、余白の場所」と表現する。そこでは明らかに日常とは異なる姿が認められ、子どもは豊かな表情をその時間から持ち帰り、また日常に溶け込んでゆく。

(2)「実存の時間」としての「何もしない時間」

学校教育は、原則として「目的の達成を目指す活動」で占められている。目的を達成するために、さまざまな手立てを工夫し、実行し、評価する、いわゆるPDCAを基盤とする活動である。休憩時間でさえ、心身をリフレッシュし、授業の効率化を図る目的がある。言うなれば、有用性を目指す教育である。しかし「何もしない時間」は、まず目的自体を捨ててみる試みである。目的がないから、評価もしない。時間そのものを手渡し、預ける取り組みである。有用性を基盤とする教育課程の中に「空白」を置く試みである。教育課程の根拠と「何もしない時間」の発想は、全く異なる方向性である。「草を抜く」という勤労生産的（有用性）目的を持つ時間も、その作業に専心する中で、「何もしない時間」と同じ経緯をたどる。おそらく短く簡単な作業なら畑の整理、作物の成長の支えという有用的な目的を果たすだけであっただろうが、2時間という長い時間、手作業には余るだろう広大な畑、こうした空間と時間の中で、当初の目的が埋没し、そこに新たなものが立ち上がってくるのである。

ボルノーは「ある種の教育現象――それ自体としてはなんら新しいことはなく、無意識的教育においてはすでにたえず用いられているような、しかし、古典的な理論においてはまったく見いだされないか、あるいはその全き意味が認識されていなかった、それゆえにまた、教育実践においても十分には効力を発揮できなかったような教育現象――を視野のうちに取り入れることが肝要なことなのである。」(7) と述べ、その端緒となるのが実存哲学であると言う。そして、連続性に基づく伝統的な教育観に実存哲学を取り入れ、教育における非連続的形式の可能性を挙げる。「人間には、究極の、もっとも内なる、実存哲学によってそれに特有な〈実存〉とよばれる、ひとつの核心がある。それは、本来、あらゆる持続的な形成をこばむものである。なぜなら、かかる核心は、つねにただ一瞬のうちにのみ実現され、しかもまた、その瞬間とともにふたたび消滅していくものだからである。」(8) また「人間生活には、連続的経過とならんで、それと同様に、ときおり特殊な仕方で人間生活を中断する非連続な箇所がある。」(9) と述べる。そして、連続的な構成や発展を踏む漸次的な改造によって人間を教育することができるという伝統的教育観について、実存哲学はこれを否定すると指摘する。

このように形成をこばむようなもの、瞬時に生成し消滅するようなものは、教育現象として、そもそも存在していたのである。それらは有用性を求める教育観の死角にあたり、有用性の価値観からも顧みられることはなかった。しかし、教育が子どもの生の全体像をとらえるならば、こうした教育現象にも目を向けなければならない。形成を目指さず、目的を離れ、手渡すような時間。瞬時に生成、消滅し、教育課程の中に埋没するような瞬間。そういう時間の中では、日常とは違う時間が流れ、違う世界が広がる。そういう時間を

「実存の時間」ととらえる。子どもたちは有用性の世界だけではなく、「実存の時間」にも生きているのである。

西平直は、実存的な時間の風景を描く中で「時は流れ、止まり、巻き戻され、先取りされる。そういう仕方で、時は、人の心に現れてくる。そうした、心に現れてくる時の姿を実存的時間の風景と名づけて、言葉の内に写し取る。[10]」と述べる。こうした時間の中では、流れそのものが可逆的になり、時間と人間の関係も相対的で、常にその立ち位置を換え、揺れ動く。そして学校で子どもに時間を社会性の獲得として教えることに触れ、『時間を守る』ということが、子どもにとっては何かを失うことと引き替えに成立するという事実[11]」を述べる。時間の有用性を「捨てる」ことは失ったものを取り戻すことにつながり、そこに「実存の時間」が立ち上がる。

矢野智司は、溶解体験を取り上げる。村野四郎の「鉄棒」の詩を取り上げ、「鉄棒をする運動の中で、自己と世界との間で新たな意味が生成するとともに、私と私を取り囲む世界との間の境界が消え、溶解の瞬間を生み出す。[12]」と唱えている。また「遊び」の中で「我を忘れて遊ぶ」ときに、主体は溶解していると指摘する。ここでは時間が一瞬に過ぎ去るというような主観的時間とともに、主体は現実の空間や時間とは違う世界を生み出し、そこに住まうわけである。村野の詩においては、「おお」「ああ」というオノマトペは、新たな意味の生成と終了を表すという。遊びに没入した子どもは、その遊びを客観的に表現することはできず（もしできたとすれば、それは完全に遊びに没入しなかった表れになる）、幻から現に舞い戻ったような、夢から覚めたような表情が、その証となる。

「実存の時間」は、子どもが現に生きる時間であり、住まう時間である。通常の時計的時間や物理的因果関係には縛られず、目的や形成を手放し、手渡された時間である。あるいは目的そのものが埋没し、新たなものに立ち現れる時間でもある。予め意図・計画することがかなわず、突然生成し、消滅する時間である。そこに生きることは、ただ時間を過ごすだけでは得られない、豊かさをもたらすことがある。捨ててこそ、得るものがある。子どもたちは、こうした全体の時間の中に生きているのである。

（3）「実存の時間」から見えるもの、「実存の時間」を語る言葉

「何もしない」ことは、教育以外の場でも取り組まれている。例えば、音楽である。ジョン・ケージが作曲した「4分33秒」というピアノ曲がある。3楽章からなるこの曲の各楽章には「TACET（楽章を通して、休止する）」と書かれている。つまりピアニストは時計を持って、ピアノの前に座り、各楽章の初めにタイマーのスイッチを入れ、楽章の終わりには切ることを、3度行う。つまり、この曲におけるピアノの演奏は「無い。」の

である。

演奏を見ると、ピアニストは「演奏をしない」のではなく、休止する演奏を「している。」ように見える。「何もしない」ということには、「空白を作ること」と「何もしない、ことを行う」意味がある。「何もしない時間」は、埋め尽くされているところに「空白」を作ることであり、「4分33秒」のピアニストは「何もしない、ということを演奏する。」ことになる。この演奏では、ピアニストは「何もない音楽」を演奏し、観客は「何もない音楽」を聞くのである。それぞれがどんな音楽を聞くか、あるいは聞かないか、音楽が生まれるのか生まれないのか、それが手渡されているのである。

ボルノーは「練習」の意味を取り上げる中で、日本の弓道に言及している。「射る者がその目標と一体になり、矢はおのずから弓を離れて確実に目標に到達し、自らの意志を捨てることこそが成功の前提となっている。」(13) ことを挙げている。ボルノーのいう非連続性は、元来、意図・計画のもとには成立しないものであるはずだが、「練習」を重ねることにより、こうした非連続的な「実存の時間」の到来を予感することができ、その到来の予兆の下に弓道の練習を重ねていると言えるのではなかろうか。翻ってみれば、弓道に限らず鋭い精神性を要求されるものに対して、教育はこうした予兆のもとに組み立てられてきた部分がある。

教室で行われる授業を評価する際には、その一単位時間そのものを評価したり、授業の中のある一場面を切り取ったりして評価することが多い。これらは一定の時計時間や指導案上のある因果関係に基づいて行うものである。連続性としての教育評価である。しかし、実際の授業場面ではある唐突な瞬間において、子どもたちが没我することがある。これらは指導案にあらかじめ表記されないし、授業評価においては、その時間全体の中の一瞬として埋没する。想定した計画に対する反応ではないし、因果関係に必ずしも絡まないから、偶然の産物として処遇される。ただ、授業者においては長年の実践の中で蓄えた経験値や直感から、脳裏にこうした唐突な場面を描くことはある。

教育やそれ以外の場において、「実存の時間」を前提として、さまざまなことが取り組まれている。ただ、それらは科学的根拠に乏しく、単なる精神論のように扱われ、有用性を重んじる現代においては軽視されてきたのではなかろうか。「何もしない時間」や「4分33秒」のように、「有用性」の仕組みの中に「無」を取り込もうとする試みもなされている。「弓道」や「草抜き」体験のように、有用性に専心することにより「無」を体験するような取り組みも行われている。教育の場では経験値の内に刷り込まれており、こういう時間を念頭において取り組まれていることも多い。教育の場では「実存の時間」は予感されている。

「何もしない時間」の中で、いつもは聞いていない音を聴いたり、見ていないものを見たりする。普段の人間関係がほどけ、また結ばれていく。時間の前後では、結果として何も変わらない。ただ、聞き、見、ほどくことは、確かに行われたのである。常とは違うからこそ、子どもは担任にそれを伝えたのである。何か違うこと、常ならざることが自分に起きたことは、子ども自身が自覚しているのである。「実存の時間」は、現実の時間なのである。ただ、その内容を具体的に描き、その効果を意味づけることはできないし、そもそも「実存の時間」という時間の在り方に反する。

だから、発表者は「何もしない時間」を童話として表現している。矢野の言う溶解体験は詩として表現されている。伝統的な教育観でとらえられないものは、伝統的な教育学の表現にはそぐわず、新たな記述様式が求められる。伝統的な教育学では、子どもの行動や発言、評価結果など、客観的な表現が求められる。有用性の目的を持つ教師が、その目的のもとに、子どもを、そして実践を測り、記述することが求められるのである。

しかし、「実存の時間」では正確に描写する以上に、求められるものがある。言葉にできないもの、時計的時間の流れや因果関係に支配されず、ストーリーを追うことができないような、ノンセンスが起きるのである。通常の記述はそぐわない。伝える側にも、受け取る側にも、客観性よりも、むしろ響き合い、共感することが求められる。ボルノーはリルケを、矢野は漱石を、作田はイヨネスコを引用し、記述する。このように文学の形を借りる、というのも一つの必然と言えるのではなかろうか。

おわりに

子どもの生は、有用性の世界だけでは完結しない。時計的時間、物理的因果関係だけで記述することはできない。意味づけることができず、ノンセンスな世界にも生きるのである。教育は、その全体性を問う必要がある。子どもは全体の中に生きるのである。そういう教育事象は、決して隠されていたわけではなく、教育を見る手立て、理論の死角にあたる部分に存在しており、ボルノーによれば、無意識的教育では、たえず用いられてきたのである。

ならば、目的を手放し、手渡すことである。「何もしない時間」は、その試みの実践である。何かをすることで埋め尽くされている学校の時間の中に、空白を持ち込み、それを子どもたちに手渡す。すると、子どもは、日常とは違う時間を生きる。そして、日常に戻る。違う時間を生きた、という実感は、それぞれに残る。

目的が埋没する時間を持つことである。「草を抜く」という有用性の目的が、それに専心する中で、いつしか当初の目的は埋没し、新たなものとして立ち上がる。ある瞬間に目的が手放され、違う時間が手渡される。「土のあたたかさ」という違うものを持ち帰る。尽くすこと、専心することが、空白と重なる。

翻ってみると、特段の術を用いなくても、あらゆる教育の場に「実存の時間」は重なりながら、存在している。ただそれらが突発的であったり、瞬時に生成され消滅するものであったり、継続や蓄積ができず、意図・計画することができなかったりするため、記述する術がない。個々の教育者は「練習」や溶解体験のように、それを実感し、前提としつつ取り組んでいるものの、それを共有し語るべき言葉を持たない。教育を語る言葉や理論の範疇にないからである。実感と必要性とを感じつつ、個の中に留まる。だから、新たな記述の術、語る言葉が求められ、そこに文学が生きる。

子どもは理論の中に生きるのではなく、全体性を生きる。「何もしない時間」の実践は、目的を手放し、手渡すことで、教育を理論で縛るのではなく、子どもを生全体でとらえようとする提言である。子どもは時計的時間や物理的因果関係の枠からはみ出すことで、豊かに成長していく。時には規範を破り、退行するというような逆行も、却ってそれが糧になることもある。子どもは有用性の原理に学び、かつ「実存の時間」にも生きる。子どもは全体性に生きる。

ならば、教育も子どもの生全体を問うべきである。学校の時間に埋もれ、流されそうならば、その対極にある「空白」を持ち込み、教育を問い返すことである。子どもが全体性を生きるならば、教育もその全体性から問い返されなければならない。「何もしない時間」の実践は、教育を問い返す礎石になると考える。

引用文献

（1）板東克則『授業論――何もしない時間　そして　手紙』一莖書房　2017　p109
（2）ボルノー『実存哲学と教育学』峰島旭雄訳　理想社　1987　p30
（3）鷲田清一『食農教育』２００８年9月号「特別企画　待つ教育―教えることは教えられること　対談「教育」の眼鏡をはずすと子どもが見えてくる　鷲田清一×板東克則」農文協　2008　p54
（4）板東克則（1）に同じ　p110～p111
（5）板東克則（3）に同じ　p41
（6）ボルノー『人間と空間』大塚恵一・池川健司・中村浩平訳　せりか書房　1994　p107
（7）ボルノー（2）に同じ　p31
（8）ボルノー（2）に同じ　p18
（9）ボルノー（2）に同じ　p30
（10）西平直『教育人間学のために』東京大学出版　2005　p223
（11）西平直（11）に同じ　p206

（12）矢野智司『幼児教育　知の探究13 幼児理解の現象学　メディアが開く子どもの生命世界』萌文書林　2017　p74
（13）ボルノー『哲学的教育学入門』浜田正秀訳　玉川大学出版　1979　p102

2. 美濃保育園公開研究発表会が、どう見えたか

美濃保育園公開研究発表会に初めて参加した。研究発表会は、2月15日（土）だったが、前日の14日の午後の練習から参観した。

2日間、参観して、すばらしい実践だなと感動した。同時に、「ありえない実践ではない。」ということも、実感した。それは、私もかつて子どもが起こす数々の奇跡に出会うことができたからだ。子どもはすごい、ということを心の底から実感できるのは、子どもを信じ、子どもを素直に尊敬できる教師がいるからこそだと考える。

おそらくほとんどの初めての参観者がとらわれるであろう、子どもたちの大きな歌声と豊かな表現。私も例外ではなく、そこに引き込まれていった。ホールに入場したところから何かに引き付けられ、目が離れなくなる。今までに経験したものとは、明らかに違う表現。感動しながらも、いつしか私はその違いの根源を探すような想いにとらわれていっ

た。そして、ふとあることに思い当たり、私の心はそこから動かなくなった。
子どもたちは、「何を」見ているのか……

〈子どもは、何を見ているのか〉

参観しながら、まず私の中に浮かんだことは、「子どもは、何を見ているのか。」ということだった。

表現活動を参観するときには、よく、視線を見る。どこを見ているのか。視線が集まる。視線が集中する。視線が鋭い……表現者の視線は、何より表現の質を表す。

しかし、美濃保育園の子どもたちに視線を感じることができなかった。それぞれの子どもたちの目の方向をたどってみても、それが1点に集まることはないし、向きも重ならない。目の強さも、一人ひとり違う。何よりも、目が外に開かれているという感覚を受けないのだ。むしろ、内に向かっているというような感覚。それでいて、何かを表現しているという実感を覚える。「どこを」見ているのか、ではなく、「何を」見ているのか。そういう感覚、疑問が、ふつふつと沸き起こり、私はそれにとらわれながら、子どもたちの動きにくぎ付けになっていった。

確かに、何かを物語っている。それが全体として統一はされていない。指先を向くものもあれば、正面を向くものもある。向きだけでなく、距離感もさまざまだ。先を見つめるものもあれば、すぐ前に留まるものもある。総じて、参観席まで届かせようという意思を感じない。視線が、表現の手段にはなっていない。ばらばらなのにつながり、総体として、何かを感じる。

ふと、「窓」というフレーズが浮かぶ。彼らの目は、窓なのではないか。そう、思いついた。彼らは、それぞれの物語の世界に住まう。自分たちが演じる世界を、その内側に創り上げる。一人ひとりが創造し、その世界がつながり、内側で溶け合って、物語の世界を生み出している。だから、つながっているのだ。一人ひとりの内なる世界が物語の一部であり、一人ひとりの世界に完成した物語が重なり合って、より大きな世界を生み出してゆく。だから、彼らの向きはさまざまであり、距離もばらばらなのだ。その多様性こそが、これらが溶け合っている証なのだ。

そして、何より彼らは外を見ようとはしていない。内側を見つめているのだ。目は、内なる世界の木漏れ日なのだ。目は、その世界の明かりを通す「窓」なのだ。道行く者である参観者は、その窓からもれる柔らかい光に誘われ、つい窓の中をのぞこうとする。窓からこぼれる香しい香りについそそられ、窓の中を、内なる世界をのぞこうとする。

子どもは、自分自身がその物語の一部でもある、内なる世界に繰り広げられる世界を見ているのだ。外に向けられる表現の一部、表現の手法として、彼らの視線は存在していない。彼らは、自分たちの内で繰り広げられるドラマを見つめているのだ。彼らの目は、外に開かれるのではなく、内にこそ向けられている。内なる世界をどのように見、どのように感じるかによって、窓の形状が変わり、窓の空き具合も異なる。参観者は、その窓からつい中をのぞき込みたくなる衝動に駆られる。

〈トンネルをくぐり、ねずみの国へ〉

保育の時間、ある教室をのぞいた。

すると、男の子が自分のおしりを指さした。そこには、長いひもが下がっていた。見渡すと、どの子のおしりも同じである。しっぽ……長いしっぽ。私は「しっぽ、長いね。」と話しかけた。彼は、きょとんとする。しっぽをつかんで、手に取り「長いしっぽだね。」と繰り返した。彼は、にっこり微笑んだ。だが、しっぽを離すと、彼はびっくりした顔をする。あわてて、しっぽをつかみ直すと、彼は「ついてきて」とばかり、部屋の真ん中の方に歩き出した。私は、しっぽをつかんだまま、彼の後についていった。

部屋の真ん中には、2連のトンネルがつながっていた。彼は、やすやすと、そのトンネルにもぐりこんでゆく。私もあわてて、彼についていった。でも、何といっても大人には狭い。ネクタイをしめているし、肩にはかばんを下げたままだ。せめて、戻ってかばんだけでも置いてこようかと考えたが、やめた。ここは、一方通行であり、後戻りは許されない。なぜか、そう思えた。そして、おそらくそれは正解だった。

狭く、苦しい中でもがいているうちに、前に進もうとだけ考えていた。彼は、もはや先の方に進んでいる。半ばを過ぎ、汗もかき始めた頃、出口が見えた。あと、少し……

突然、世界が開いた。

「ねずみの国に、ようこそ。」

彼だけでなく、しっぽを生やしたねずみたちが立っていた。そして、トンネルをくぐり抜けた私を歓迎してくれた。

こうして、内なる世界が少しずつ創り上げられてゆく。

トンネルをくぐり抜けようとした努力は、ホールで踊る彼らの目という「窓」をのぞこうとする努力にもつながる。彼らは内なる世界を築き上げ、参観者はその世界をのぞこうとする。しかし、こうした単元としての学びは、かつて勤めた幼稚園や他の保育園でもしていたはずだが……

〈息を吸うこと〉

入場前に、息を吸う。全員で息を吸って、入場する。

これが、当初、奇異に感じた。何かの「おまじない。」のようだ。そう、それは、まさしく「おまじない。」だったのではないか。あそこで、息を吸い、息をそろえることで、世界に入ってゆく。彼らはホールに入場するのではなく、あの世界に入場していくのだ。「息を吸う」ことは、おまじないであり、通過儀礼なのだ。

演技の中でも、一斉に息を吸う。方向を変えたり、セリフを言ったりするときだ。よく大きな声を出したり、深い響きを要求したりする時に、「大きく、息を吸いこんで」と指示することがある。でも、ここでの「息を吸うこと」は意味が異なる。「息を吸うこと」は外の世界（現実の世界）のためではなく、内なる世界に住まうためなのだ。

入場前に、息を吸う。躍る方向を変えるときに、息を吸う。子どもたちの息がそろい、「はあーっ」という音が動きを促す。

これは、リズムなのだ。内の世界の鼓動なのだ。入室するときに「息を吸うこと」で内なる世界が開かれ、子どもたちはホールに駆け込むとともに、内なる世界へ飛び込んでゆく。あるいは、内なる世界を現の世界に紡いでゆく。

それは、鼓動である。今、私たちが居る世界とは、別な世界、彼らの内なる世界に刻まれるリズムなのだ。時計が刻む時間ではなく、太陽と月が生み出す流れではなく、架空と現実、今と昔、昔と未来、ここと あそこを自由につなぐ別な流れ。それが産み出すリズムなのだ。彼らの内なる世界の刻む鼓動なのだ。

息を吸うことで、彼らはますますその世界に飛び込み、その世界に同化し、その世界を現に引き出してゆく。

息を吸うことは、彼らが内なる世界に同化している証であり、内なる世界に同化する条件でもある。

だから、彼らは動きの中で、内なる世界のリズムに合わせて、息を吸う。

〈手のひらの向き、かかとが上がること〉

指先まで伸ばす……見栄えを考えて、良く指示する言葉である。しかし、美濃保育園の子どもたちの指先は伸びていない。何かを包むような柔らかい表情をしている。躍る中で、手のひらが上を向いている子もいれば、下を向いている子もいる。彼らの目と同じように、「統一」していないのだ。しかし、ばらばらであるのに、そこに何か一致が見える。

それは、まさしく目と同じように、彼らが外に向かって表現するのではなく、内側を映し出しているからではなかろうか。

彼らの内なる世界を表現すれば、指先はこういうふうに曲がるのだ。指1本1本が、木の枝のように、自由な動きを見せる。それは、自然の摂理に従っているからであり、それぞれの向きは違うのに、樹全体としての統一感を感じ、そこに美を覚える。あれと同じなのだ。もし、枝の方向が同じであり、それぞれの梢がピンと伸びていたら、1本の枝を見ても感じないかもしれないが、全体としては違和感を持つだろう。彼らは、内なる世界という幹からそれぞれ自由に水分を汲み取り、栄養を互いに行き来させているのだ。独立性の集合にこそ、統一した美が生まれる。

彼らは入場の際、皆、裸足である。木の床の上をかかとを上げ、進む。まるで、音を立てないためのように進む。「音」を遮る。かかとを上げる。もし足元にのみ、注目するとすれば、それはバレエの演技である。かかとの上げ下げ、これが大きな表現になる。かかとを上げる際には、内なる世界に住む証かのごとく、足底を着けるときは現実世界と接するかのごとく、あるいは、上下動を生かしつつ、内なる世界のさらに奥に向かって跳躍するかのごとく……

あるグループで、上げたかかとを2段階に下げる演技があった。かかとを中段まで下げ、そこからさらに下げる。ただし、床面にはつかない。その動きが新たなリズムを生んでいた。他のグループと少し遅れるのだが、そのリズムのずれが、また全体に新たなリズム感を生み出してゆく。かかとから床面まで限られた距離にもかかわらず、そこを2段階に使い分ける。そのたかだか10㎝足らずの距離を自由に操る。操ることにより、自分たちの内なる世界を表現していく。

彼らは、外から動きを固めるのではなく、内側から、彼らの住む世界から、自由に伸びているのだ。固定的な形ではなく、内側の世界の広がりや、内側の世界の収縮に合わせて、その見える様を映し出してゆく。それが、全体として重なり、物語を紡ぎ出してゆく。

〈魔法が解ける時、現実とのはざま〉

3歳児の演技の途中、一人の女の子（M）の目が突然変わった。それは、あたかも内なる世界から、突然現実に舞い戻ったかのようである。目に自分が戻り、明らかに周りの子どもと表情が変わっていった。魔法が解け、現実に舞い戻ったような感じである。セリフにつまり、動きが止まる。周りは、別な世界に居る。M自身も取り残されたような、周りの世界とのはざまを感じている。

ただ、彼女も懸命に舞い戻ろうとした。しかし、焦れば焦るほど、その術につまり、はざまが開いてゆく。でも、彼女は踏みとどまり、戻ろうとした。現実の目を捨て、そこに立ち止まり、内なる世界が自分に訪れるのを待とうとした。無理にあがくより、これは賢明な方策に見えた。事実、彼女の判断は実を結ぶかに見えた。しかし、その彼女の前に別な女の子が立った。その瞬間、Mは現実に戻り、再び内なる世界を目指そうとはしなかった。実は、Mの魔法を解けるきっかけにも、あの前に立った女の子があった。対角に立つその子を見たMは、そこからあからさまに現実に戻ったように見えた。何が起因していたのかは、分からない。そして、再び内なる世界に舞い戻ろうとした瞬間に、彼女が前方に立った。そこで、現実とのはざますらなくなり、内なる世界はMとは無関係の世界になった。Mも自分の魔法が解けてしまったことを自覚していた。

演技が終わり、ホールから最後に退場したのは、Mだった。

この場面を見ていて、ふと思ったのが、では、周りの子どもたちが居る世界、魔法の世界とは、何なのだろうか。そして、その魔法の世界と現の世界を分ける狭間には、一体、何があるのだろうか。Mの魔法が解ける様を見て、却って、美濃保育園の子どもたちの内なる世界の所在に、目が向いたのである。

〈参観を終えて〉

内側は外側より広い……

C・S・ルイスの『ナルニア国物語』の中の言葉である。

美濃保育園公開研究会に参加して、この言葉が蘇ってきた。内側は、外側より広い。

参観当初は、子どもたちの表現に目を見張り、その一挙手一投足に目をやる自分がいた。あるいは、彼らの歌声の大きさに、驚く自分がいた。でも、何かが違う。私の見るべき視点が違う。そう呼びかける自分もいた。

保育参観で、教室をめぐり、そこに繰り広げられる遊びを見た。オペレッタとのつながりを見た。天井や壁に貼られている絵を見た。地元特産の美濃和紙に描かれた絵は、自由でのびやかであり、描いている時間は、内なる世界と向き合う時間だったに相違ないと感じた。廊下に貼られた子どもたちの写真は、現実を離れ、内なる世界に遊ぶ子どもたちの豊かな表情であり、内に向かいしなやかに伸びる肢体をとらえていた。

美濃保育園の表現の根底には、内なる豊かな世界を信じる力を感じる。子どもたちも教師たちも、その世界のすばらしさを心の底から信じている。時折、教師は「考えなさい。」とアドバイスする。これは、もっと正しく言えば「感じなさい（あの世界を）。」「もっと中を見つめてごらん。」と翻訳できるのではなかろうか。内なる世界が、教師にも子どもにも共通の言葉として存在している。

現から内なる世界への扉を開ける、鍵もある。「息を吸うこと＝内なる世界のリズムと鼓動を生み出すこと」「内から伸びること＝手のひらの向き、かかとを上げること」、一人ひとりが自由に独立し、全体に重なること……

信じ、開き、表現するからこそ、子どもたちの中に内なる世界が生まれ、それを教師とともにつむぎだすことができるのだと、確信した。

3．新たな参観の技法「言葉のラフスケッチ」

～美濃保育園公開研究会参観時において～

新たな参観の技法

「言葉のラフスケッチ」

先日、美濃保育園公開研究会（表現活動の発表：オペレッタと歌）に参加した。ホールの一方が2、3段の階段形状になっており、その前にホールの床面が広がる。ホールの奥にも何段かの立体的な段があり、反対側に陣取る参観者からは見やすくなっている。ホールの端の方には、2本の樹が柱のごとく立っており、ホールで踊る子どもたちの一部は、この樹の陰に見え隠れしたり、奥の段に駆け上がることで、床面の世界とは別な世界を表したりしている。参観者はホールのこちら側のへりの床面にじかに2列ほど座り、あとは階段状の部分に並べられた椅子に座り表現を見ることになる。

なぜ、こういう描写をするかというと、机がないということ、スペースが限られているという条件を表すためである。カメラを持つ人（園から認められた人）は、椅子の後方に立ち、カメラを構えている。研究用にホールの上方にロープを張り、360度カメラも備えられている。

私は、2列目の椅子に座り、参観することにした。宿泊用荷物は事務室に預けているとはいえ、当日の荷物と園からもらった資料もあり、さて、どのように参観しようかと、一計を練った。おそらく、この園に所縁のある斎藤喜博ならば、何も持たずに記憶すると、何かの本で読んだように思うが、あいにく私はそうした才を持ち合わせていない。しかも小学校の授業でなじみのある指導案はなく、私自身、表現活動に対する参観の視点も定まらない。

〈言葉のラフスケッチ〉

そこで、ふと、表現を見て思いついたこと、ふと心に浮かんだことを書き留めてみようかと思った。視点を定めず、その場に漂うかのごとく、何か心にひっかかったものを、自由に書き留めてみようと思ったのである。

これを、言葉のラフスケッチ、と名づけてみた。スケッチのように、細かく描きこむのではなく、おおまかに描いてみることにした。

荷物の中から、Ａ４サイズのノートを取り出し、何も書いていないページを開いた。手には、黒のボールペン１本。ノートの罫線は無視し、自由に書いてみようと思った。同じ言葉が浮かんでも、すでに書き留めていたとしても、繰り返すことはそれだけ印象深いことだから、制限はつけずに書くことにした。

プログラムが次々と移っていくので、表現の題名だけはノートに綴った。


ノートに、まず書いたのは「息を吸う」という言葉だ。美濃保育園の表現では、入室前に先生が合図を送ると、そこで子どもたちが一斉に息を吸う。これが奇異に感じられた。演技の中でも、何度も何度も全員が合わせて、息を吸う。それにあわせるかのように、「息を吸う」というフレーズが何度も何度もノートに踊った。

次に書いたのが、指先、である。指先が「伸びていない。」のである。「つつむような……」とか、曲がる、ばらばら……こういうことを書きだすときに、評価の視点は持たない。それが良いとか、悪いとか、きれいだとか、見苦しいとかいう観点は省く。ただ、心のままに書く。しかし、おそらく私の中では選別し、比較し、評価しているのかもしれない。私の中の潜在的な過程を経て、自分にとっては「ふと、うかんだ」という結果になっているのかもしれない、が。

かかと、も目についた。演技の大半で、かかとは上がる。そういえば、裸足。こんな当然なことも、なかなか気が付かないものである。かかとを見ている、ということは、靴も靴下も履いていない……そういえば、裸足だ。見たままではなく、こうした連想の末に浮かぶ言葉も書き留める。足音がしない。これも、そう。連想も書き留める。これは、後でなぜ直感的に気づかなかったのかを探ることで、課題に結びつく。

目。自分が表現指導をするとき、必ず指導していた重点項目である。なのに、ある教師が指で視線の向きを示すまで、このフレーズを忘れていた。これは、ある意味、言葉のラフスケッチが功を奏していた証である。普段の自分にとらわれていない、証拠である。それと、もう一つ。子どもの視線を感じなかったからである。これは、参観の感想をまとめるときに、キーワードになった。

魔法が解ける……

これは、くっきりと浮かび上がった。おそらく、私だけが気が付いたわけではないだろう。誰の目にも明らかな、事象だった。ある女の子の表情が明らかに変わり、その場にいることさえ、つらそうだった。一人の先生が補助に行くほどだった。ノートに「魔法が解ける。」と書いた。……ということは、他の子どもがかかっている「魔法」とは何なのだろう。私の気持ちは眼前の表現から離れ、魔法の正体を求めて彷徨った。ノートには、その過程で浮かんだ言葉が並んだ。ラフスケッチは、見たものではなく、浮かんだものを書く。

こうしたことは、書きなぐったせいもあり、ノート7、8枚になった。内容はともかく、枚数は自己満足にもつながり、後の整理の糧にもなる。

〈ラフスケッチをもとに〉

家に戻り、美濃保育園公開研究会について、まとめてみようと試みた。パソコンの前にノートを広げ、当時を思い起こしてみる。これが、なかなか浮かばない。当日の資料を横に並べてみると、少し立ち上がってくるように感じた。

ノートをパラパラと繰ってみる。

意識をしていなかったせいか、やたらと「息を吸う」という言葉が出てくる。このことが、気になっていたのだ。自分を見つめる自分がいる。「感じていた自分」を「分析する自分」が、振り返っている。感じていた自分は、いろいろなものを捨てて、表現そのものに向かおうとしていた。理由はなく、自分の心のままに、描き出していた。分析する自分は、その理由を探ろうとする。

ノートに描き出されたものは、断片的である。その都度、その都度、瞬間を描き出す。描かれたものは並行で、脈絡はない。分析は、そこを横断する。一見、ばらばらなものをつなぎ、そこに浮かび上がる輪郭をなぞり、そこに見えるものを洗い出してゆく。紡ぐことで、そこに因果関係が見えてくる。

表現以外の事象も思い起こされる。そう言えば……、事象がつながり、スケッチに描かれた骨組みに肉が纏い始める。美濃保育園ではない、自分自身の経験や知識も引きずり出されてくる。こうして、スケッチが、ある作品として、姿を現し始める。しかし、だ。ラフスケッチには、根拠が無い。自分の心に浮かんだもの、自分というフィルターにかかったもの。そこに果たして価値があるのか、どうか……

ラフスケッチをもとに肉付けしていくと、それは一つの形を作る。形になると、自然、その形の形状にとらわれる。行く末も形に支配されるようになる。果たして、純粋に描き出したものなのだろうか。何かにとらわれた物語の行く末なのだろうか。ここで、不安にからめとられるか、迷いに決別するか……

〈ラフスケッチの行く末〉

技法は、最終的に一つの結果として現れる。換言すれば、一つの結果としてしか表現できない。そこには、一つの価値観が生まれる。それは、いかなる技法をもってしても、同じである。ただ、ラフスケッチについては、一定の価値観のもとに事象を視るのではなく、それを持たずに見たものの中から価値観が生まれ出ることになる。観察者にすら、何が生まれるのか、何を見てきたのか、は分からない。スケッチした言葉を紡いでいる中から、意味が生まれ出るのである。

生まれ出たものの価値を求めるなら、そこに他者の目が必要になる。描き出したものに共感が得られるなら、少なくともそこに唯我ではない意味を見つけ出せたと言えよう。

美濃保育園の参観記録は、少なくとも数人の人に見てもらうことができた。反応はさまざまだった。分かる、という声もあり、難しいという声もあった。ただ、自分の心に浮かんだフレーズが、我独りだけのものではなかった、という実感は持てた。美濃保育園にも贈った。

出版社から、連絡があった。「これは、感想をはるかに超えたものです。」嬉しかったのは、その次の言葉である。「この保育園の研究会に集う人たちは、研究会設立の趣旨から全て分かっている人たちです。板東先生は、そういう趣旨から離れ、全く第三者の視点から記録をまとめてくれました。これは、参会者にとっても新鮮な視点であり、新たな発見になりました。」

私も薄々そういう視点の存在に気づいていなかった訳ではない。しかし、保育園の表現に疎いこと、趣旨を必ずしも理解しているわけではないこと。だから全てを捨てて、心に浮かぶ様をそのまま留めようとした。そして、それは新たなものの誕生につながった。

〈他の場面への応用〉

保育園参観のあと、ある小学校の授業参観に出かけた。指導助言も頼まれており、指導案検討からかかわっていたので、先入観無しにというのは、難しい状況だった。しかし、そうであるからこそ、いろいろなものを捨てて、心に浮かぶ様を書き留めてみよう、「言葉のラフスケッチ」を用いてみようと考えた。授業もそうだが、事後の検討会でも用いてみた。そして、検討会の参会者の発言に対し、自分にどんな言葉が浮かぶのか、それも書き留めてみようと考えた。

事前の検討会にも参加しており、授業の概観、特色、そして弱みまで、ある程度つかんでいる。事前授業も参観しており、学級の子どもの様子もわかり、私のことを見知っている子どもも多い。何よりも、授業者の考え方、癖、感情の揺れなども分かる。

分かるからこそ、捨てなければならない。とらわれるからこそ、捨てなければならない。価値観や雑念を捨て、一心に見つめた中で、浮かぶものを書き留める。修論のキーワードである「専心と放下」にもつながる。

そして、これはおそらく正しかっただろうと思う。知っているからと言って、分かっているからと言って、そこで曲げるのではなく、純粋に浮かぶ言葉を紡いでいく中で、浮かび上がるもの……授業者の課題であり、授業の「核」に迫るもの……それが、きれいに浮かび上がる。授業者には、事前に正直に伝えると話し、自分の言葉で話していく。自分自身でも、こんなことを考えていたのか、と驚く部分がある。参会者も、呆然としながら見つめる。こういう会は、今までなかった。

〈言葉のラフスケッチ〉

言葉のラフスケッチは、おそらく有用であり、多方面への活用が可能である。ただ、観察する者の中を空っぽにすること。何かにとらわれず、あらゆる価値観から離れること。そこで浮かぶ言葉にこそ、価値がある。

紡いでいく過程が大切である。分析する過程においても、価値観を持たず、紡いでいく中から何が見えるかを楽しもうとする心構えが必要である。

こうした過程から生まれるもの、言葉のラフスケッチは、どうやらさまざまな場面に応用することができそうである。

おわりに

　創造をするためには、過去を捨てること、できたものを破壊すること、と書いた。研修担当にも、そう伝えた。ならば、こうして書き残すことこそ、形として残すことになり、形として縛ることにならないのか。

　創造は、今を生ききり、今を輝かせ切る、ことである。その輝き切る今、そういう今が、今・今・今……と連なることが、創造の時間になる。教育は、そういう創造の時間にならなければならない。輝き切る今が連続する学校にこそ、子どもが輝く。創り出すこと、生み出すこと。そこには、教師の創造する姿がなければならない。

　教育の世界から、そういう創造する教師の姿が薄れつつあるように感じる。教育が形にはめられ、マニュアルが王道になりつつあるように感じる。教師は、夢を語り、ロマンを紡がなければならない。自分自身の手で、価値を測り、新たな世界を創り出さなければならない。

そういう姿を、そういう呼びかけを、残したいと考えた。

山あいの小さな学校園がどのように夢に向かって歩んだのか、教育の本質を志す仲間に何を、どう呼びかけたのか、本質を包み込み、どう届けたのか。それを残したい。そういう記録は、形として縛るのではなく、根底を伝える軌跡として、教育の創造を目指す、後の仲間への参助になり、呼びかけになるのではなかろうか。

山田を離れて、3年目になる。当時を振り返り、職員とのやり取りを読み返す中で、不思議に言葉が紡ぎ出される。時間を経たにもかかわらず、今でも新鮮な色彩で立ち上がってくる。子どもを想い、保護者を想い、仲間を想い、地域を想い、「手紙」に「たより」に書き留めた想いがあふれ出す。創造はその瞬間であるとともに、今に直結している。創造は、時間を越える。

そういう時を、仲間とともに持てたことを誇りに思う。

もし、この書を手に取る読者があれば、こういう記録の中から、自分の立ち位置を振り返ることだろう。かつて、教育を志し、教育の原点を見つめた時に、舞い戻ることだろう。そこから、何かを見つけ、何かに耳を澄ます一助になれば、何よりである。

〈著者紹介〉
板東克則（ばんどう かつのり）
1957 年 神戸市に生まれる。
神戸大学教育学部 卒業
京都教育大学 重複障害教育教員養成課程 に内地留学
神戸市立特別支援学校、小学校教諭を経て、神戸市立福住小学校長、山田小学校長・山田幼稚園長を兼務
「教育者であり、教育を伝える者でありたい」と願い、「又新の会（山田小学校の旧校名）」を開催し、教育について語る会を主宰している。
2018 年 定年退職後、神戸市立総合教育センターで再任用として勤める傍ら、兵庫教育大学大学院に進学し、教育哲学を学ぶ。
関西教育学会、日本保育学会、日本子ども支援学会、会員
〈主な著書〉
『授業論――何もしない時間　そして　手紙』（2018 年　板東克則　一莖書房）
『「教育」の眼鏡をはずすと子どもが見えてくる』（鷲田清一×板東克則）
（2008 年　農文協　食農教育 9 月号）
『教育現場で見る子どもの「ガッツ」』（2016 年　金子書房　児童心理 12 月号）
『感謝とねぎらいを伝え合う習慣づくり』（2018 年　金子書房　児童心理 6 月号）
『再び、頂へ』＊本著に収録（2020 年　一莖書房　事実と創造 2 月号）
現住所
〒 673-0533　兵庫県三木市緑が丘町東 1-21-22
E-mail: kinuyobd@outolook.jp

教育の創造

2020年 8 月 8 日　初版第一刷発行

著　者　板　東　克　則
発行者　斎　藤　草　子
発行所　一　莖　書　房
〒 173-0001　東京都板橋区本町 37-1
電話 03-3962-1354
FAX 03-3962-4310

組版／四月社　印刷／日本ハイコム　製本／新里製本
ISBN978-4-87074-225-3 C3037